일본어한자 드릴

(중급)

저자 전성용

일본의 지하도로

(속편)

한국연 저재

머·리·말

　우리나라의 일본어 학습자들이 일본어를 공부할 때, 어려운 것 중의 하나가 일본어의 漢字라는 이야기를 자주 듣는다. 이것은 일본어의 漢字를 어떤 때는 音読으로 읽어야 하며, 어떤 때는 訓読으로 읽어야 하는데 기인하지 않나? 라고 생각해 본다. 더욱이 音読이 여러 개 일 경우와 訓読이 여러 개 있을 경우는 더 더욱 그럴 것이다.
　그렇지만 일본어를 공부하는데 있어 漢字는 피하려고 해도 피할 수 없는, 반드시 공부해야 하는 것임은 틀림이 없다.
　그러나 일본어의 입문(초급) 단계에서는 漢字 때문에 공부하기 힘들게 여겨져도, 어느 정도의 수준에 이르면 漢字 때문에 공부하기 쉽다는 것을 느끼게 될 것이다.
　왜냐하면, 언어마다 同音異議語가 없는 언어가 없겠지만, 일본어는 유난히 동음이의어가 많은 언어이기에 가나로 쓰면 구분하기 어려운 것도 漢字로 표기하면 이해하기 쉽기 때문이며, 또, 일본어는 글을 쓸 때 기본적으로 띄어쓰기를 하지 않는데, 띄어쓰기를 하지 않아도 글을 읽고 이해하는 데 있어 아무런 오해나 혼란이 생기지 않는 것은, 문장 속의 漢字와 カタカナ가 眼標의 역할을 하기 때문이다.

본 교재『일본어 한자 드릴』은, 이러한 점을 고려하여 일본어 학습자들이 어려워하는 한자부분을 체계적으로 학습하고 이해하는데 도움이 되고자 하는 마음으로 집필하게 되었다. 초급·중급·상급의 총 3권으로 일본어 입문과정의 漢字터 상급 과정의 漢字까지 학습할 수 있도록 단계별로 구성하였다.

초급은 일본 초등학교 1학년 때 배우는 漢字 80字와 2학년 漢字 160字를, 중급은 3학년 漢字 200字와 4학년 漢字 200字를, 상급은 5학년 漢字 185字와 6학년 漢字 181字를 취급하여 총 1006字의 일본 초등학교 漢字를 마스터하게 된다.

구성상 특징은 보다 재미있고 이해를 빠르게 하고자 漢字를 10자씩 나누어 학습하도록 하였고, 그 때마다 연습문제를 통하여 漢字의 읽기와 쓰기를 확인해 볼 수 있게 하였다. 또, 각 학년의 漢字가 끝날 때마다 종합문제를 통하여 그 학년에서 익혀야 할 漢字를 다시 한 번 복습할 수 있도록 하였다.

여러 가지 부족한 점이 많으리라 생각되지만, 최선을 다해 집필하였기에 일본어 漢字를 바르게 읽고 쓰는데 조금이나마 유용하게 사용되어지기를 바라는 마음뿐이다.

마지막으로 자료를 제공해 준 강 선봉 선생님과 조 중선 님께 지면을 통해 감사함을 표하며, 또 이 책이 출판 될 수 있도록 여러모로 도와주신 J&C 출판사 직원여러분께 진심으로 감사를 드리며, 부족한 저를 여기까지 인도하여 주신 하나님께 모든 감사와 영광을 돌립니다.

2003년 10월 2일
우암산 기슭의 연구실에서

목·차

일본 초등학교 3학년 한자 200字

丁、予、化、区、反、世、主、仕、他、代 9
写、去、号、央、平、打、氷、申、由、皮 14
皿、礼、両、全、列、向、安、守、州、式 19
曲、有、次、死、羊、血、住、助、医、君 24
坂、対、局、役、返、投、決、究、豆、身 29
事、使、具、取、受、味、命、和、委、始 34
実、定、岸、幸、苦、所、放、昔、服、板 39
泳、注、波、油、物、者、育、表、乗、係 44
品、客、屋、度、待、送、追、急、指、持 49
拾、昭、柱、洋、炭、界、畑、発、県、相 54
研、神、秒、級、美、負、重、面、倍、勉 59
員、宮、島、庫、庭、荷、速、院、息、旅 64
根、消、流、病、真、起、酒、配、勤、商 69
問、宿、帳、進、都、部、悪、族、深、球 74
祭、章、第、笛、終、習、転、勝、寒、葉 79

落、運、遊、階、陽、悲、暑、期、植、温 ………………… 84
湖、港、湯、登、短、童、等、筆、着、軽 ………………… 89
開、集、飲、歯、意、感、想、暗、業、漢 ………………… 94
福、詩、路、農、鉄、様、緑、練、銀、駅 ………………… 99
鼻、横、箱、談、調、薬、整、橋、館、題 ………………… 104

일본 초등학교 4학년 한자 200字

士、不、夫、欠、氏、以、付、令、加、功 ………………… 115
包、司、史、失、辺、必、札、末、未、民 ………………… 120
争、仲、伝、兆、共、印、各、好、成、灯 ………………… 125
老、衣、位、低、児、兵、冷、初、別、利 ………………… 130
努、労、告、囲、完、希、芸、折、改、材 ………………… 135
束、求、臣、良、例、典、刷、協、卒、参 ………………… 140
周、固、季、官、底、府、径、英、芽、念 ………………… 145
果、松、毒、泣、治、法、牧、的、信、便 ………………… 150
勇、型、変、建、単、昨、栄、浅、省、祝 ………………… 155

紀、約、胃、要、軍、飛、候、借、倉、孫 ………………………… 160
害、差、席、帯、徒、連、郡、挙、料、案 ………………………… 165
梅、残、殺、浴、特、笑、粉、脈、航、訓 ………………………… 170
停、健、側、副、唱、堂、康、得、菜、陸 ………………………… 175
巣、救、敗、望、械、清、産、票、貨、博 ………………………… 180
喜、達、隊、散、景、最、極、満、焼、然 ………………………… 185
無、給、結、街、覚、象、貯、費、量、順 ………………………… 190
飯、働、塩、愛、戦、照、節、続、置、腸 ………………………… 195
試、辞、察、旗、歴、漁、種、管、説、関 ………………………… 200
静、億、器、選、標、熱、課、賞、輪、養 ………………………… 205
機、積、録、観、類、験、鏡、願、競、議 ………………………… 210

해답편 ………………………………………………………………… 219

인용 및 참고문헌 …………………………………………………… 245

일본 초등학교 3학년
한자 200字

丁 □ □ □ □ □

チョウ・テイ
예; 一丁目、横丁、園丁

予 □ □ □ □ □

ヨ
예; 予算、予言、予習

化 □ □ □ □ □

ばける・ばかす
カ・ケ
예; 化け物、化石、化粧

区 □ □ □ □ □

ク
예; 区画、区間、区役所

反 □ □ □ □ □

そる・そらす
ハン・ホン・タン
예; 反対、反復、謀反、反物

世 □ □ □ □ □

よ
セイ・セ
예; 世の中、世紀、世界

主 □ □ □ □ □

ぬし・おも
シュ・(ス)
예; 地主、主立つ、主人

仕 □□□□□

つかえる
シ・(ジ)
예; 仕事、奉仕、給仕

他 □□□□□

タ
예; 他国、他界、他方

代 □□□□□

かわる・かえる・よ・(しろ)
ダイ・タイ
예; 明治の代、苗代、代理、交代

 연·습·문·제

1. 다음 밑줄 친 한자를 읽어 보세요.

① <u>三丁目 六番地</u>は どこですか。
　（　　　　　）

② 大じしんの <u>予知</u>は むずかしいです。
　　　　　　（　　　）

③ きつねが 女に <u>化</u>けました。
　　　　　　　（　　）

④ プールでは ロープを はって コースを <u>区切</u>る。
　　　　　　　　　　　　　　　　（　　）

⑤ 自分の 行いを <u>反</u>せいする。
　　　　　　　（　）

⑥ つぎの <u>世代</u>を になう 子供たち。
　　　　（　　　）

⑦ 日本人の <u>主食</u>は 米と 麦です。
　　　　　（　　　）

⑧ かげひなたなく 主人に <u>仕</u>える。
　　　　　　　　　　　（　）

⑨ かれが 正直者だとは <u>自他</u> ともに みとめて います。
　　　　　　　　　　（　　　）

⑩ 文字の <u>代</u>わりに 絵を つかいます。
　　　　（　）

2. 다음 ☐ 안에 해당하는 한자를 써 넣으세요.

① わたしは ^{えんてい}☐☐として 十年 つとめました。

② いやな ^よ☐かんが します。

③ ^{かがく}☐☐せいぶつへいき。

④ 歩道と 車道を ^く☐べつする。

⑤ りゆう なき ^{はん}☐こう。

⑥ 二十二^{せい}☐きの ^せ☐かいを 考えて みます。

⑦ ^{しゅ}☐の いのり。

⑧ 父は お^し☐ごとで とっても いそがしいです。

⑨ ^{たにん}☐☐の そらに。

⑩ 今日、クラスの ^{だい}☐ひょうしゃを えらびます。

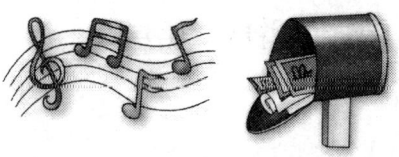

13

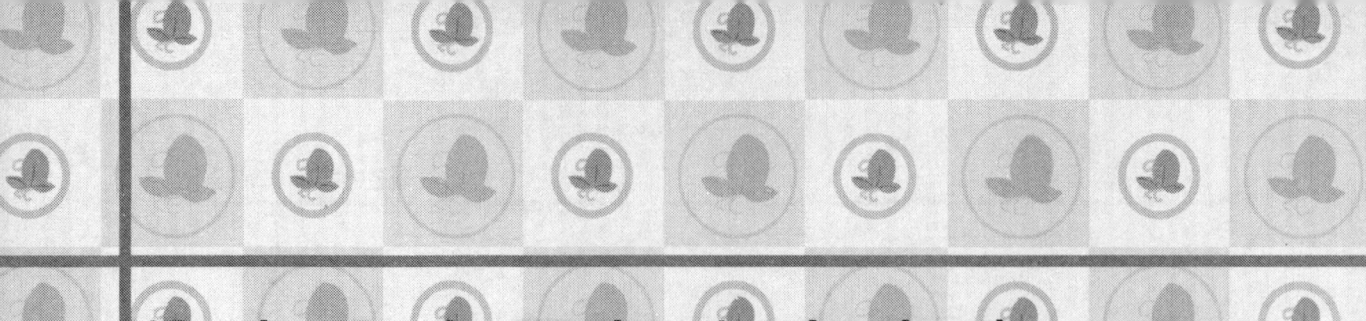

写、去、号、央、平、打、氷、申、由、皮

写 □□□□□
うつる・うつす
シャ
예; 写真、複写、試写会

去 □□□□□
さる
キョ・コ
예; 去年、死去、過去

号 □□□□□
ゴウ
예; 記号、番号、年号

央 □ □ □ □ □

オウ
예; 中央

平 □ □ □ □ □

たいら・ひら
ヘイ・ビョウ
예; 平社員、公平、平等

打 □ □ □ □ □

うつ
ダ
예; 打ち方、打者、代打

氷 □ □ □ □ □

こおり・ひ
ヒョウ
예; 氷まくら、氷雨、氷河

申 □ □ □ □ □

もうす
シン
예; 申込書、申告、内申

由 □ □ □ □ □

よし
ユ・ユウ・ユイ
예; 経由、自由、由緒

皮 □ □ □ □ □

かわ
ヒ
예; 毛皮、皮肉、表皮

 연·습·문·제

3. 다음 밑줄 친 한자를 읽어 보세요.

① にわの さくらを <u>写生</u>しました。
                （　　）

② <u>去</u>る ものは おわず。
（　　）

③ <u>信号</u>を よく 見て、道を わたります。
（　　）

④ 町の <u>中央</u>には にぎやかな 通りが あります。
       （　　）

⑤ <u>平</u>らな 道を つくります。
（　　）

⑥ お金を <u>平</u>どうに 分けます。
        （　　）

⑦ 父の あいに 心を <u>打</u>たれました。
                （　　）

⑧ あついので 茶店で <u>氷水</u>を のみます。
              （　　）

⑨ 休んだ <u>理由</u>を 先生に <u>申</u>し上げました。
       （　　）   （　）

⑩ きつねの <u>毛皮</u>で えりまきを 作りました。
        （　　）

17

일본 초등학교 3학년 한자 200字 ‥‥

4. 다음 ☐ 안에 해당하는 한자를 써 넣으세요.

① いい けしきなので、☐(しゃ)しんを ☐(うつ)しました。

② ☐☐(きょねん)の 冬は スキーに 行きました。

③ ざせきの ☐☐(ばんごう)を かくにんします。

④ パナマと いう 国は ☐☐(ちゅうおう)アメリカに あります。

⑤ せかいの ☐(へい)わの ために 力を つくします。

⑥ かんとくは チャンスに ☐☐(だいだ)を おくりました。

⑦ タイタニック☐(ごう)は ☐☐(ひょうざん)に ぶつかって しずんだ。

⑧ ぜいかんに しなものを ☐(しん)こくします。

⑨ あとの ことは 知る ☐(よし)も ない。

⑩ 父は ☐(ひ)ふ科の いしゃでは ありません。

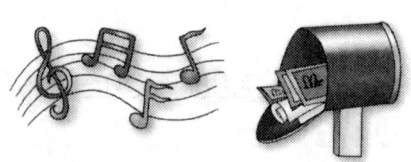

皿、礼、両[6画]、全、列、向、安、守、州、式

皿 □ □ □ □ □

さら
예; 皿洗い、灰皿、受け皿

礼 □ □ □ □ □

レイ・ライ
예; 礼儀、目礼、礼賛

両 □ □ □ □ □

リョウ
예; 両親、両者、両方

일본 초등학교 3학년 한자 200字····

全 ☐ ☐ ☐ ☐ ☐

まったく
ゼン
예; 全身、全力、全勝

列 ☐ ☐ ☐ ☐ ☐

レツ
예; 列車、後列、配列

向 ☐ ☐ ☐ ☐ ☐

むく・むける・むかう・むこう
コウ
예; 表向き、向上、動向 ※日向

安 ☐ ☐ ☐ ☐ ☐

やすい
アン
예; 安物、平安、安全

守 □ □ □ □ □

まもる・もり
シュ・ス
예; 守り札、子守うた、守衛、留守

州 □ □ □ □ □

す
シュウ
예; 三角州、五大州、九州

式 □ □ □ □ □

シキ
예; 形式、成人式、式場

 연·습·문·제

5. 다음 밑줄 친 한자를 읽어 보세요.

① <u>大皿</u>に もった りょうりを <u>小皿</u>に とりわけました。
　　(　　)　　　　　　　　　(　　)

② 毎週 月曜日は 学校で <u>全校</u>の <u>朝礼</u>が あります。
　　　　　　　　　　　(　　)(　　)

③ <u>列車</u>が <u>五両</u> つながって います。
　　(　　)　(　　)

④ <u>全</u>く こまった ことに なりました。
　　(　)

⑤ アリの <u>行列</u>。
　　　　　(　　)

⑥ 海に <u>向</u>かって 大声で さけびました。
　　　　(　)

⑦ ナイロンは <u>安</u>くて、じょうぶです。
　　　　　　　(　)

⑧ やくそくは <u>守</u>らなければ なりません。
　　　　　　　(　)

⑨ アジア<u>州</u>は <u>五大州</u>の 中で 一番 大きいです。
　　　　(　)　(　　　)

⑩ <u>入学式</u>は 十時から はじまりました。
　　(　　　)

6. 다음 □ 안에 해당하는 한자를 써 넣으세요.

① 兄は アルバイトで 食どうの □(さら)あらいを して いる。

② たいへん しつ□(れい)したしました。

③ □□(りょうて)を 上に 上げて 下さい。

④ □□□□(こうつうあんぜん)。

⑤ 人々が □□(いちれつ)に ならんで 歩いて います。

⑥ 風の □□(ほうこう)が かわりました。

⑦ □□(あんしん)できない この 世の中。

⑧ □(しゅ)びを かためる。

⑨ 東京は □□(ほんしゅう)に あります。

⑩ □□(けいしき)より ないようを おもく みる。

曲、有、次、死、羊、血、住、助、医、君

曲 □ □ □ □ □

まがる・まげる
キョク
예; 曲がり角、曲線、行進曲

有 □ □ □ □ □

ある
ユウ・ウ
예; 有力、国有、有無

次 □ □ □ □ □

つぐ・つぎ
ジ・シ
예; 次女、目次、次第

死 □ □ □ □ □

しぬ
シ
예; 死力、決死、死去

羊 □ □ □ □ □

ひつじ
ヨウ
예; 羊飼い、子羊、羊毛

血 □ □ □ □ □

ち
ケツ
예; 血液、貧血、血縁

住 □ □ □ □ □

すむ・すまう
ジュウ
예; 住所、移住、住宅

일본 초등학교 3학년 한자 200字 ‥‥

助 □ □ □ □ □

たすける・たすかる・すけ
ジョ
예; 救助、助言、助力

医 □ □ □ □ □

イ
예; 医者、医学、女医

君 □ □ □ □ □

きみ
クン
예; 君が代、君たち、君主

 연·습·문·제

7. 다음 밑줄 친 한자를 읽어 보세요.

① あの 角を 曲がると ゆうびんきょくが 出ます。
         (   )

② アムロナミエは 日本の 有名な 歌手です。
                    (   )

③ ぼくは 次の えきで おります。
       (   )

④ 父は せんそうで 死にました。
               (   )

⑤ 羊や やぎの 毛を 羊毛と 言います。
  (   )   (   )

⑥ 血は 水より こい。
  ( )

⑦ この 町に 住みついて もう 十年に なります。
          (   )

⑧ 先生の おかげで 助かりました。
                (   )

⑨ あの 先生は 名医だと いう ひょうばんです。
           (   )

⑩ 君たちの しあわせを いのる。
  (   )

8. 다음 □ 안에 해당하는 한자를 써 넣으세요.

① せかいの □□(めいきょく)を ききます。

② しなものの □(う)むを しらべました。

③ わたしは □□(じじょ)です。

④ 人間の □□(せいし)に かかわる もんだい。

⑤ □□(ようとう)を かかげて く肉を 売る。

⑥ □□(けっき)さかんな わかもの。

⑦ □□(あんじゅう)の 地を みつけました。

⑧ □□(ないじょ)の こう。

⑨ □(い)しゃの ことを □(い)しとも 言います。

⑩ 山田□(くん)と 中山□(くん)は なかよしです。

坂、対、局、役、返、投、決、究、豆、身

坂 □ □ □ □ □

さか
ハン
예; 坂道、下り坂、急坂

対 □ □ □ □ □

タイ・ツイ
예; 反対、対決、対句

局 □ □ □ □ □

キョク
예; 対局、局長、時局

일본 초등학교 3학년 한자 200字 ‥‥

役 □ □ □ □ □

ヤク・エキ
예; 役員、役所、使役

返 □ □ □ □ □

かえす・かえる
ヘン
예; 恩返し、返送、返事

投 □ □ □ □ □

なげる
トウ
예; 投げ方、投手、投資

決 □ □ □ □ □

きめる・きまる
ケツ
예; 決心、判決、決戦

究 □ □ □ □ □

きわめる
キュウ
예; 研究、追究、究明

豆 □ □ □ □ □

まめ
トウ・ズ
예; 豆まき、豆腐、大豆

身 □ □ □ □ □

み
シン
예; 身がら、心身、身体

연·습·문·제

9. 다음 밑줄 친 한자를 읽어 보세요.

① <u>上り坂</u>を 一気に かけ上がりました。
　（　　　）

② <u>一対一</u>で しょうぶします。
　（　　　）

③ ほうそう<u>局</u>は あの 白い たてものです。
　　　　　（　　）

④ 王さまの <u>役</u>は 山下君が します。
　　　　　（　）

⑤ つるの おん<u>返</u>し。
　　　　　（　）

⑥ やきゅうしあいで ボールを <u>投</u>げました。
　　　　　　　　　　　　　（　）

⑦ <u>決</u>まった ことは 守るべきです。
　（　）

⑧ かじの げんいんを <u>究明</u>します。
　　　　　　　　　（　　）

⑨ 日本では せつ分に <u>豆</u>まきを します。
　　　　　　　　　（　）

⑩ 他人より <u>身内</u>。
　　　　　（　　）

10. 다음 ☐ 안에 해당하는 한자를 써 넣으세요.

① <ruby>☐<rt>さか</rt></ruby>を のぼる ことを と<ruby>☐<rt>はん</rt></ruby>とも 言います。

② おいわいに <ruby>☐☐<rt>いっつい</rt></ruby>の ゆのみちゃわんを おくりました。

③ やっ<ruby>☐<rt>きょく</rt></ruby>の となりが ゆうびん<ruby>☐<rt>きょく</rt></ruby>です。

④ かれは だいじな <ruby>☐☐<rt>やくめ</rt></ruby>を はたしました。

⑤ 日本語で 手紙の <ruby>☐<rt>へん</rt></ruby>じを 書いて みました。

⑥ ヘリコプターで ぶっしを <ruby>☐☐<rt>とうか</rt></ruby>しました。

⑦ あすの りょこうは 雨でも <ruby>☐☐<rt>けっこう</rt></ruby>します。

⑧ 人生の <ruby>☐<rt>きゅう</rt></ruby>きょくの もくてきを 考えて みました。

⑨ <ruby>☐☐<rt>だいず</rt></ruby>で <ruby>☐<rt>とう</rt></ruby>ふを 作ります。

⑩ <ruby>☐☐<rt>しんたい</rt></ruby>も せいしんも けんこうな 人。

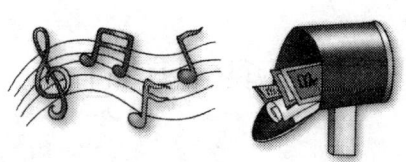

[8급] 事、使、具、取、受、味、命、和、委、始

事 □ □ □ □ □

こと
ジ・ズ
예; 事柄、事件、事業、好事家

使 □ □ □ □ □

つかう
シ
예; まほう使い、使命、使用

具 □ □ □ □ □

グ
예; 家具、雨具、具体的

取 □□□□□

とる
シュ
예; 受け取る、取材、取得

受 □□□□□

うける・うかる
ジュ
예; 荷受け、受信、受賞

味 □□□□□

あじ・あじわう
ミ
예; 味覚、意味、趣味

命 □□□□□

いのち
メイ・ミョウ
예; 命がけ、命名、寿命

일본 초등학교 3학년 한자 200字 ‧‧‧‧

和 □ □ □ □ □

やわらぐ・やわらげる・なごむ・なごやか
ワ・オ
예; 平和、和服、和尚

委 □ □ □ □ □

イ
예; 委員、委託、委任

始 □ □ □ □ □

はじめる・はじまる
シ
예; 始発、終始、原始

36

 연·습·문·제

11. 다음 밑줄 친 한자를 읽어 보세요.

① 夏休みなので、父の **仕事**を てつだいました。
　　　　　　　　　　　（　　）

② 書く 時、えんぴつは **使**わないで 下さい。
　　　　　　　　　　　（　）

③ そうじ **道具**を かたづけました。
　　　　　（　　）

④ 車間きょりを 十分に **取**ります。
　　　　　　　　　　　（　）

⑤ 中山君は 入学しけんに **受**かりました。
　　　　　　　　　　　　（　）

⑥ キムチの **味**を **味**わう。
　　　　　（　）（　）

⑦ 人の **命**は なにものにも かえる ことが できない。
　　　（　）

⑧ うつくしい 音楽に 心が **和**らぎました。
　　　　　　　　　　　　　（　）

⑨ **委**いん会で 全ての **事**が 決まります。
　（　）　　　　　　（　）

⑩ これから そうじを **始**めます。
　　　　　　　　　　（　）

일본 초등학교 3학년 한자 200자 ‥‥

12. 다음 ☐ 안에 해당하는 한자를 써 넣으세요.

① ^{こうつうじ}☐☐☐こを なくそう。

② かのじょは ^{てんし}☐☐の ように 心が やさしいです。

③ きのう 父から ^え☐の^ぐ☐を 買って もらいました。

④ 八回目で うんてんめんきょを ^{しゅ}☐とくしました。

⑤ きのう 母からの 電ぽうを ^う☐け^と☐りました。

⑥ かんじは 一字 一字に い^み☐が あります。

⑦ ^{しめい}☐☐かんの ある 人々。

⑧ 十と 八の ^わ☐は 十八です。

⑨ ^{いさい}☐☐の ことは めんだんの 上 決めます。

⑩ いよいよ しあいかい^し☐です。

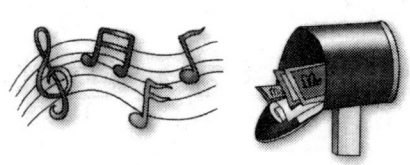

実、定、岸、幸、苦、所、放、昔、服、版

実 □□□□□

み・みのる
ジツ
예; 実力、実母、実情

定 □□□□□

さだめる・さだまる・さだか
テイ・ジョウ
예; 品定め、安定、定規

岸 □□□□□

きし
ガン
예; 岸辺、海岸、対岸

일본 초등학교 3학년 한자 200字 ‥‥

幸 □ □ □ □ □

さいわい・さち・しあわせ
コウ
예; 海の幸、不幸、幸福

苦 □ □ □ □ □

くるしい・くるしむ・くるしめる・にがい・にがる
ク
예; 暑苦しい、苦手、苦行

所 □ □ □ □ □

ところ
ショ
예; 場所、住所、近所

放 □ □ □ □ □

はなす・はなつ・はなれる
ホウ
예; 放火、放送、放任

昔 □□□□□

むかし
セキ・シャク
예; 昔話、昔日、今昔

服 □□□□□

フク
예; 衣服、和服、服従

板 □□□□□

いた
ハン・バン
예; 板の間、鉄板、看板

연·습·문·제

13. 다음 밑줄 친 한자를 읽어 보세요.

① 木の <u>実</u>や 草の <u>実</u>を あつめます。
　　　（　）　　（　）

② ほうりつは 国会で <u>定</u>めます。
　　　　　　　　　（　）

③ <u>川岸</u>に きれいな 花が さいて います。
　（　）

④ 海の <u>幸</u>、山の <u>幸</u>。
　　　（　）　　（　）

⑤ がけから おちたが、<u>幸</u>いに けがは しませんでした。
　　　　　　　　　　（　）

⑥ しゅうにゅうが 少なくて 生活が <u>苦</u>しいです。
　　　　　　　　　　　　　　　　（　）

⑦ かごの 鳥を <u>放</u>して やりました。
　　　　　　　（　）

⑧ <u>昔</u> ある <u>所</u>に おじいさんが 住んで いました。
　（　）　（　）

⑨ <u>和服</u>が よく にあう 人。
　（　）

⑩ まな<u>板</u>の 上で やさいを きざむ 音が します。
　　　（　）

42

14. 다음 □ 안에 해당하는 한자를 써 넣으세요.

① これは <ruby>□□<rt>じつわ</rt></ruby> です。

② <ruby>□□<rt>けってい</rt></ruby> てきな しゅんかんを とらえました。

③ <ruby>□<rt>むかし</rt></ruby> は 父と よく <ruby>□□<rt>かいがん</rt></ruby> を さんぽしました。

④ 友人の ふ<ruby>□<rt>こう</rt></ruby> を ともに かなしみました。

⑤ 歌を 歌うのは とっても <ruby>□□<rt>にがて</rt></ruby> です。

⑥ ここは さくらの <ruby>□□<rt>めいしょ</rt></ruby> です。

⑦ 友だちと いっしょに 川に 魚を <ruby>□<rt>ほう</rt></ruby>りゅうしました。

⑧ <ruby>□□<rt>せきじ</rt></ruby> の 思い出。

⑨ 中学生に なったので、せい<ruby>□<rt>ふく</rt></ruby> を 作りました。

⑩ <ruby>□□<rt>こくばん</rt></ruby> に 字を 書く ことを <ruby>□□<rt>ばんしょ</rt></ruby> と 言います。

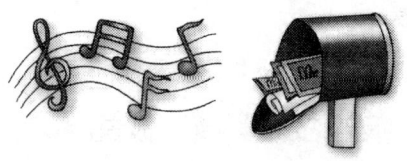

泳、注、波、油、物、者、育、表、乗、係 [9画]

泳 □□□□□

およぐ
エイ
예; 平泳ぎ、背泳ぎ、遊泳

注 □□□□□

そそぐ
チュウ
예; 注射、注意、注釈

波 □□□□□

なみ
ハ
예; 波打ち、音波、波乱

油 □ □ □ □ □

あぶら
ユ
예; 油紙、油田、油断

物 □ □ □ □ □

もの
ブツ・モツ
예; 食べ物、動物、作物

者 □ □ □ □ □

もの
シャ
예; 悪者、医者、読者

育 □ □ □ □ □

そだつ・そだてる
イク
예; 教育、保育、育成

일본 초등학교 3학년 한자 200字····

表 □ □ □ □ □

おもて・おらわす・あらわれる
ヒョウ
예; 表紙、表現、発表

乗 □ □ □ □ □

のる・のせる
ジョウ
예; 乗車、乗馬、搭乗

係 □ □ □ □ □

かかる・かかり
ケイ
예; 係員、案内係、関係

 연·습·문·제

15. 다음 밑줄 친 한자를 읽어 보세요.

① 池の 中に 金魚が 泳いで います。
　　　　　　　　　（　　）

② 川の 水は 海に 注ぎます。
　　　　　　　　（　　）

③ あらしで 波が 高く なりました。
　　　　　（　　）

④ 石油ランプに 使う 油は とう油です。
　（　　）　　　　　（　　）　（　　）

⑤ うちの おじいさんは 物知りです。
　　　　　　　　　　　（　　）

⑥ 父は はたらき者です。
　　　　　　　（　　）

⑦ ひろった 子犬を 育てました。
　　　　　　　　　（　　）

⑧ 天気の よい 日は 表で あそびます。
　　　　　　　　　（　　）

⑨ バスに 乗って、学校へ 通います。
　　　　（　　）

⑩ 山下君は 図書の 係を して います。
　　　　　　　　　　（　　）

47

16. 다음 □ 안에 해당하는 한자를 써 넣으세요.

① 学校の プールで □□大会が ひらかれました。 (すいえい)

② こちらに □□して 下さい。 (ちゅうもく)

③ そうしんじょから □□を おくります。 (でんぱ)

④ アメリカには □□が あります。 (ゆでん)

⑤ □□には どう□と しょく□が あります。 (せいぶつ / ぶつ / ぶつ)

⑥ 姉は 天文□□に なりたいそうです。 (がくしゃ)

⑦ □□の 時間に サッカーを しました。 (たいいく)

⑧ きおんの へんかを □□で □しました。 (ずひょう / あらわ)

⑨ こむので、帰りの □□けんを 前もって 買いました。 (じょうしゃ)

⑩ その ことは わたしと むかん□です。 (けい)

品、客、屋、度、待、送、追、急、指、持

品 ☐☐☐☐☐

しな
ヒン
예; 品物、品質、商品

客 ☐☐☐☐☐

キャク・カク
예; 来客、乗客、旅客

屋 ☐☐☐☐☐

や
オク
예; 肉屋、家屋、屋上

일본 초등학교 3학년 한자 200字 ····

度 □□□□□

たび
ド・ト・タク
예; 度々、角度、支度

待 □□□□□

まつ
タイ
예; 待合室、招待、接待

送 □□□□□

おくる
ソウ
예; 放送、運送、送別会

追 □□□□□

おう
ツイ
예; 追い風、追加、追放

急 □□□□□

いそぐ
キュウ
예; 急行、急流、至急

指 □□□□□

ゆび・さす
シ
예; 指輪、指示、指揮

持 □□□□□

もつ
ジ
예; 持ち物、所持、持参

연·습·문·제

17. 다음 밑줄 친 한자를 읽어 보세요.

① <u>品物</u>を たしかめました。
　（　　）

② バスていで お<u>客</u>さんが 来るのを <u>待</u>ちます。
　　　　　　　（　　）　　　　　　（　　）

③ わたしの うちは <u>八百屋</u>です。
　　　　　　　　　（　　　）

④ <u>直角</u>は 九十<u>度</u>です。
　（　　）　　（　）

⑤ しゃしんを 見る <u>度</u>に かれの ことを 思い出します。
　　　　　　　　（　）

⑥ いなかから かきを <u>送</u>って きました。
　　　　　　　　　　（　）

⑦ しかを <u>追</u>って、りょうしは 山に 入りました。
　　　　（　）

⑧ くらく なったので、<u>急</u>いで 家へ 帰りました。
　　　　　　　　　　（　）

⑨ <u>指</u>の 先に とげが ささった。
　（　）

⑩ 父は いつも おべんとうを <u>持</u>って 会社へ 行きます。
　　　　　　　　　　　　　　（　）

18. 다음 □ 안에 해당하는 한자를 써 넣으세요.

①　安全の ために 　しょじ　ひん
　　　　　　　　　　□□□を しらべます。

②　じょうきゃく
　　□□の 安全を だいいちに 考えます。

③　ビルの 　おくじょう
　　　　　　□□に のぼりました。

④　食事の し　たく
　　　　　　し□が できました。

⑤　先生の ごかつやくを き　たい
　　　　　　　　　　　　　き□します。

⑥　ぎんこうで お金を 　そうきん
　　　　　　　　　　　□□します。

⑦　あの 人は ソレンから 　ついほう
　　　　　　　　　　　　　□□された 有名な 作家です。

⑧　きゅうこうれっしゃ
　　□□□□に 乗って、たびを 楽しみます。

⑨　先生の 　さしず
　　　　　　□□に したがいます。

⑩　しめい
　　□□てはい中の はんにん。

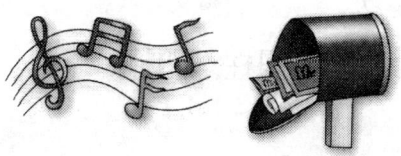

拾、昭、柱、洋、炭、界、畑、発、県、相

拾 □□□□□

ひろう
シュウ・(ジュウ)
예; 命拾い、拾得物、収拾

昭 □□□□□

ショウ
예; 昭和

柱 □□□□□

はしら
チュウ
예; 火柱、円柱、門柱

洋 ☐ ☐ ☐ ☐ ☐

ヨウ
예 ; 東洋、洋服、大西洋

炭 ☐ ☐ ☐ ☐ ☐

すみ
タン
예 ; 炭やき、炭鉱、木炭

界 ☐ ☐ ☐ ☐ ☐

カイ
예 ; 世界、限界、社交界

畑 ☐ ☐ ☐ ☐ ☐

はた・はたけ
예 ; 田畑、麦畑、茶畑

일본 초등학교 3학년 한자 200자 ‥‥

発 □□□□□

ハツ・ホツ
예; 発電、発明、発足

県 □□□□□

ケン
예; 長野県、県立、県庁

相 □□□□□

あい
ソウ・ショウ
예; 相手、手相、首相

 연·습·문·제

19. 다음 밑줄 친 한자를 읽어 보세요.

① 道で お金を <u>拾</u>いました。
　　　　　　（　　）

② <u>昭和</u> 六十四年は 平成 元年です。
　（　　）

③ 父は わが家の <u>大黒柱</u>です。
　　　　　　　（　　　）

④ ヨットで <u>太平洋</u>を おうだんしました。
　　　　　（　　　）

⑤ <u>炭</u>やきの けむりが 見えます。
　（　）

⑥ <u>世界</u>の 平和を いのります。
　（　　）

⑦ <u>花畑</u>には いろいろな 花が さいて います。
　（　　）

⑧ 十時<u>発</u>の しんかんせんで <u>出発</u>します。
　　　（　）　　　　　　　　（　　）

⑨ 日本の <u>青森</u>県は りんごが 有名です。
　　　　（　　）

⑩ けんかの <u>相手</u>が だれだったかは 言えません。
　　　　　（　　）

일본 초등학교 3학년 한자 200字

20. 다음 ☐ 안에 해당하는 한자를 써 넣으세요.

① 交番へ ☐(しゅう)とくぶつを とどけました。

② 1959年は ☐☐(しょうわ) 34年です。

③ ☐☐(でんちゅう)に せみが とまって います。

④ わたしは 和食より ☐☐(ようしょく)の 方が すきです。

⑤ ☐☐(もくたん)を 使う 家が ほとんど なくなりました。

⑥ 天上から ☐☐(げかい)を 見下ろします。

⑦ 今年は ☐(はたけ)の 作物の できが いいです。

⑧ ぜんそくの ☐☐(ほっさ)が おこりました。

⑨ 兄は ☐☐☐☐(けんりつこうこう)に 入学しました。

⑩ ☐(そう)談の ☐☐(あいて)を 決めます。

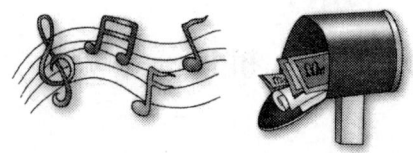

研、神、秒、級、美、負、重、面、倍、勉 [10画]

研 □ □ □ □ □

とぐ
ケン
예; 研究、研修、研磨

神 □ □ □ □ □

かみ・かん・こう
シン・ジン
예; 神様、神無月、神々しい、神経、神社

秒 □ □ □ □ □

ビョウ
예; 一秒、秒読み、秒針

일본 초등학교 3학년 한자 200字····

級 □ □ □ □ □

キュウ
예; 同級、進級、階級

美 □ □ □ □ □

うつくしい
ビ
예; 美術、美化、美人

負 □ □ □ □ □

まける・まかす・おう
フ
예; 勝ち負け、負担、勝負

重 □ □ □ □ □

え・おもい・かさねる・かさなる
ジュウ・チョウ
예; 八重桜、重要、貴重品

面 □ □ □ □ □

おも・おもて・つら
メン
예; 面もち、泣き面、正面　※真面目

倍 □ □ □ □ □

バイ
예; 倍加、三倍、倍率

勉 □ □ □ □ □

つとめる
ベン
예; 勉強、勤勉、勉学

 연·습·문·제

21. 다음 밑줄 친 한자를 읽어 보세요.

① といしで ほうちょうを <u>研</u>ぎます。
　　　　　　　　　　　（　　）

② 母の ために 教会で <u>神</u>さまに いのります。
　　　　　　　　　　　（　　）

③ 一分は 六十<u>秒</u>です。
　　　　　　（　　）

④ それは <u>高級</u>な 品物では ありません。
　　　　（　　）

⑤ あの 長い かみの 女の 人は とっても <u>美</u>しいです。
　　　　　　　　　　　　　　　　　　　（　　）

⑥ しあいに かった 人も <u>負</u>けた 人も なきました。
　　　　　　　　　　　（　　）

⑦ せに <u>負</u>った にもつが とっても <u>重</u>いです。
　　　（　　）　　　　　　　　　　（　　）

⑧ お<u>面</u>を かぶって あそびました。
　　（　　）

⑨ ソウルの 人口が 十年で <u>二倍</u>に ふえました。
　　　　　　　　　　　　（　　）

⑩ 毎日 二時間ずつ <u>勉強</u>します。
　　　　　　　　　（　　）

62

22. 다음 □ 안에 해당하는 한자를 써 넣으세요.

① あの 人は うちゅうに ついて □□(けんきゅう)して います。

② 日本には たくさんの □(じん)ぐうや □□(じんじゃ)が あります。

③ 時計の □(びょう)しんが こわれました。

④ ぼくは □□(じょうきゅう)学校へ すすむ つもりです。

⑤ かれの □□(びてん)は 正直な ことです。

⑥ 車の じこで たくさんの □(ふ)しょう者が 出ました。

⑦ □□(たいじゅう)が ぐんぐん ふえて こまって います。

⑧ 海の □□(すいめん)が きれいに かがやいて います。

⑨ 八は 二 または 四の □□(ばいすう)です。

⑩ あの 人は □□(べんきょう)しないで あそんで ばかり います。

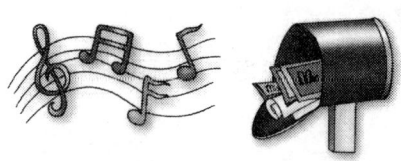

員、宮、島、庫、庭、荷、速、院、息、旅

員☐☐☐☐☐

イン
예; 会員、全員、満員

宮☐☐☐☐☐

みや
キュウ・グウ・ク
예; 宮家、宮中、神宮、宮内庁

島☐☐☐☐☐

しま
トウ
예; 島国、列島、島民

庫 □ □ □ □ □

コ・ク
예; 倉庫、冷蔵庫、庫裏

庭 □ □ □ □ □

にわ
テイ
예; 中庭、庭園、家庭

荷 □ □ □ □ □

に
カ
예; 荷物、出荷、入荷

速 □ □ □ □ □

はやい・はやめる・すみやか
ソク
예; 風速、速達、速報

院 □ □ □ □ □

イン
예; 病院、寺院、退院

息 □ □ □ □ □

いき
ソク
예; ため息、安息、子息

旅 □ □ □ □ □

たび
リョ
예; 旅人、旅館、旅券

 연·습·문·제

23. 다음 밑줄 친 한자를 읽어 보세요.

① この 店の <u>店員</u>は とっても 親切です。
　　　　　（　　）

② お<u>宮</u>の 森には たぬきが 住んで います。
　（　）

③ 海の 向こうに 小さな <u>島</u>が 見えます。
　　　　　　　　　　　（　）

④ <u>学級文庫</u>の 本を かりました。
　（　　　　）

⑤ 父と <u>庭</u>に かだんを 作りました。
　　　　（　）

⑥ 遠くへ 送るので、しっかりと <u>荷</u>づくりしました。
　　　　　　　　　　　　　　（　）

⑦ あの 人は すごく <u>速</u>い ボールが 投げられます。
　　　　　　　　　（　）

⑧ かれは この 大学の <u>大学院生</u>です。
　　　　　　　　　　（　　　　）

⑨ 母は 手紙を 読んで、ふかい ため<u>息</u>を つきました。
　　　　　　　　　　　　　　　　（　）

⑩ 四十日に わたる <u>船旅</u>を おえました。
　　　　　　　　　（　　）

24. 다음 □ 안에 해당하는 한자를 써 넣으세요.

① ぼくは　□□□□(がっきゅういいん)に　えらばれました。

② めいじ□□(じんぐう)は　東京に　あります。

③ 日本は　□□(しまぐに)で、□□(れっとう)です。

④ 弟と　いっしょに　□□(しゃこ)を　そうじしました。

⑤ 毎週　日曜日は　友だちと　□□(こうてい)で　やきゅうを　します。

⑥ やさいを　市場へ　□□(しゅっか)します。

⑦ □□(こうそく)どうろでは　□□(じそく)100キロまで　出せます。

⑧ 父は　この　びょう□(いん)の　□□(いんちょう)です。

⑨ □□(きゅうそく)の　時間が　ほしいです。

⑩ 兄は　□□□□(かいがいりょこう)に　行って　います。

根、消、流、病、真、起、酒、配、動、商

根 □ □ □ □ □

ね
コン
예; 根こそぎ、根本、根性

消 □ □ □ □ □

きえる・けす
ショウ
예; 立ち消え、消しゴム、消毒

流 □ □ □ □ □

ながれる・ながす
リュウ・ル
예; 流れ星、流行、流転

일본 초등학교 3학년 한자 200字 ‥‥

病 □ □ □ □ □

やむ・やまい
ビョウ・ヘイ
예; 病院、看病、疾病

真 □ □ □ □ □

ま
シン
예; 真心、真実、写真

起 □ □ □ □ □

おきる・おこる・おこす
キ
예; 起立、起床、起源

酒 □ □ □ □ □

さけ・さか
シュ
예; 大酒、酒もり、梅酒

配 □ □ □ □ □

くばる
ハイ
예; 気配り、支配人、配達

動 □ □ □ □ □

うごく・うごかす
ドウ
예; 自動車、動物、運動

商 □ □ □ □ □

あきなう
ショウ
예; 商売、商業、商標

 연·습·문·제

25. 다음 밑줄 친 한자를 읽어 보세요.

① それは **根**も はも ない うわさに すぎない。
　　　　（　）

② とつぜん、電気が **消**えました。
　　　　　　　　　　（　）

③ 町の **真**ん中に 川が **流**れて います。
　　　（　）　　　　　（　）

④ **病**は 気から。
　（　）

⑤ **早起**きして 勉強を します。
　（　　）

⑥ あの 人は お**酒**が 大すきです。
　　　　　　　（　）

⑦ としお君の 家は **酒屋**です。
　　　　　　　　　（　　）

⑧ けがを しない ように 心を **配**ります。
　　　　　　　　　　　　　　（　）

⑨ **動物**たちが いっせいに **動**きだしました。
　（　　）　　　　　　　　（　）

⑩ わたしの 家では 日用品を **商**って います。
　　　　　　　　　　　　　（　）

26. 다음 □ 안에 해당하는 한자를 써 넣으세요.

① 父は 畑で □□と はくさいを 育てて います。 (だいこん)

② 万が一の ために □□きを よういします。 (しょうか)

③ かれは いつも □□ホテルに とまります。 (いちりゅう)

④ やっと □□が なおりました。 (びょうき)

⑤ じけんの □□を 明らかに します。 (しんそう)

⑥ ソウルを □□に して 東へ すすみます。 (きてん)

⑦ いん□うんてんを きびしく とりしまります。 (しゅ)

⑧ 本の □□を なおします。 (はいれつ)

⑨ 世界の □□を 見定めます。 (どうこう)

⑩ ここは □□が たちならぶ にぎやかな 通りです。 (しょうてん)

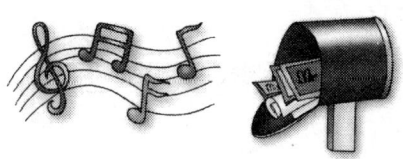

問、宿、帳、進、都、部、悪、族、深、球

問 □ □ □ □ □

とう・とい・とん
モン
예; 問屋、学問、疑問、訪問

宿 □ □ □ □ □

やど・やどる・やどす
シュク
예; 宿屋、雨宿り、宿題、宿命

帳 □ □ □ □ □

チョウ
예; 通帳、手帳、帳面

進 □□□□□

すすむ・すすめる
シン
예; 前進、進行、進学

都 □□□□□

みやこ
ト・ツ
예; 都入り、首都、都会、都度、都合

部 □□□□□

ブ
예; 部分、部門、部首 ※部屋

悪 □□□□□

わるい
アク・オ
예; 悪者、悪質、悪寒

일본 초등학교 3학년 한자 200字 ‥‥

族 ☐ ☐ ☐ ☐ ☐

ゾク
예; 親族、貴族、民族

深 ☐ ☐ ☐ ☐ ☐

ふかい・ふかまる・ふかめる
シン
예; 草深い、深海、深夜

球 ☐ ☐ ☐ ☐ ☐

たま
キュウ
예; 地球、野球、電球

연·습·문·제

27. 다음 밑줄 친 한자를 읽어 보세요.

① 次の <u>問</u>いに 答えよ。
　　　（　）

② 雨なので、木の 下で <u>雨宿</u>りを します。
　　　　　　　　　　　（　）

③ 心に のこった ことばを <u>手帳</u>に 書きとめます。
　　　　　　　　　　　　（　）

④ 名前を よばれたので、一歩前へ <u>進</u>み出ました。
　　　　　　　　　　　　　　　（　）

⑤ 王子さまは <u>都</u>を はなれて 旅に 出ました。
　　　　　　（　）

⑥ 自動車の <u>部品</u>を 取りかえました。
　　　　　（　）

⑦ <u>悪</u>かったのは わたしです。
　（　）

⑧ <u>家族</u> そろって あそびに 行きました。
　（　）

⑨ この 池の <u>深</u>さは どのくらいですか。
　　　　　（　）

⑩ 電気の <u>球</u>が 切れました。
　　　　（　）

28. 다음 ☐ 안에 해당하는 한자를 써 넣으세요.

① 先生の しつ☐に 答えました。
    　　　　　もん

② せんしゅたちが ☐☐☐☐を して います。
    　　　　　　　がっしゅくせいかつ

③ お金の 出し入れを ☐☐に 書きこみます。
    　　　　　　　　　だいちょう

④ 音楽の 時間に ☐☐☐を 聞きました。
    　　　　　　　こうしんきょく

⑤ イギリスの ☐☐は どこですか。
    　　　　　　しゅと

⑥ 新聞の ☐☐☐☐を しらべます。
    　　　　はっこう ぶすう

⑦ ☐☐千里を 走る。
    あくじ

⑧ あした みんなで ☐☐かんの 見学に 行きます。
    　　　　　　　すいぞく

⑨ この 船は ☐☐三千メートルまで もぐれます。
    　　　　　すいしん

⑩ 月は ☐☐の 回りを 回ります。
    　　　ちきゅう

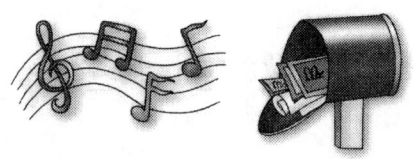

祭、章、第、笛、終、習、転、勝、寒、葉

祭 □□□□□

まつる・まつり
サイ
예; 雪祭り、祭典、祭日

章 □□□□□

ショウ
예; 序章、文章、勲章

第 □□□□□

ダイ
예; 第一、次第、落第

笛 □□□□□

ふえ
テキ
예; 口笛、草笛、警笛

終 □□□□□

おわる・おえる
シュウ
예; 終日、終戦、終着駅

習 □□□□□

ならう
シュウ
예; 予習、練習、習慣

転 □□□□□

ころがる・ころげる・ころがす・ころぶ
テン
예; 回転、運転、転落

勝 □ □ □ □ □

かつ・まさる
ショウ
예; 勝利、優勝、勝敗

寒 □ □ □ □ □

さむい
カン
예; 寒空、大寒、寒村

葉 □ □ □ □ □

は
ヨウ
예; 枯れ葉、言葉、紅葉
※「紅葉」라고 써서「もみじ」라고도 읽는다.

연·습·문·제

29. 다음 밑줄 친 한자를 읽어 보세요.

① 東北地方では <u>七夕祭</u>りが 行なわれます。
　　　　　　　（　　　）

② 分かりやすい <u>文章</u>を 書きます。
　　　　　　　（　　）

③ かのじょは テニスの <u>第一人者</u>です。
　　　　　　　　　　　（　　　　）

④ どこからか <u>笛</u>や たいこの 音が 聞こえます。
　　　　　　（　）

⑤ 長い 冬も ようやく <u>終</u>わりました。
　　　　　　　　　　（　）

⑥ ぼくは 六才から <u>習字</u>を <u>習</u>って います。
　　　　　　　　　（　　）　（　）

⑦ 雪の 道で <u>転</u>んで しまいました。
　　　　　　（　）

⑧ わがチームが バレーボールの しあいで <u>勝</u>ちました。
　　　　　　　　　　　　　　　　　　　（　）

⑨ 北海道の 冬は とっても <u>寒</u>いです。
　　　　　　　　　　　　（　）

⑩ わか<u>葉</u>の 色が 美しく 見えます。
　　　（　）

30. 다음 ☐ 안에 해당하는 한자를 써 넣으세요.

① オリンピックの ☐☐☐(ぜんやさい)。

② これから ☐☐☐☐(だいいちがくしょう)を えんそうします。

③ 遠くから ☐☐(きてき)が 聞こえて きます。

④ 私は 電車の ☐☐(しゅうてん)で おります。

⑤ 昔の よい ☐☐(ふうしゅう)を 守りたいと 思います。

⑥ すずき君は 町の 学校に ☐☐(てんこう)しました。

⑦ われわれは ☐☐(しょうぶ)が つくまで たたかいます。

⑧ けんこうは とみに ☐(まさ)る。

⑨ 北海道地方を ☐☐(かんぱ)が おそいました。

⑩ 旅行先から 母の 所に ☐☐(はがき)を 出しました。

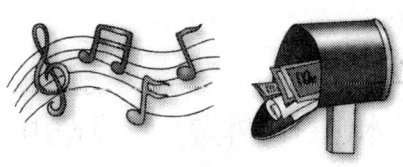

落、運、遊、階、陽、悲、暑、期、旗、温

落 ☐ ☐ ☐ ☐ ☐

おちる・おとす
ラク
예; 落ち葉、落下、落成、集落

運 ☐ ☐ ☐ ☐ ☐

はこぶ
ウン
예; 運送、運行、運命

遊 ☐ ☐ ☐ ☐ ☐

あそぶ
ユウ・ユ
예; 水遊び、外遊、物見遊山

階 □ □ □ □ □

カイ
예; 階段、階級、階下

陽 □ □ □ □ □

ヨウ
예; 太陽、陽性、陽極

悲 □ □ □ □ □

かなしい・かなしむ
ヒ
예; 悲しみ、悲劇、慈悲

暑 □ □ □ □ □

あつい
ショ
예; 暑さ、残暑、避暑

일본 초등학교 3학년 한자 200字 ‥‥

期 ☐☐☐☐☐

キ・ゴ
예; 期間、期日、最期

植 ☐☐☐☐☐

うえる・うわる
ショク
예; 植木、移植、植民地

温 ☐☐☐☐☐

あたたか・あたたかい・あたたまる・あたためる
オン
예; 気温、温室、温情

 연·습·문·제

31. 다음 밑줄 친 한자를 읽어 보세요.

① あぶないので、速度を **落**とします。
　　　　　　　　　　　（　　）

② アリが 列を 作って えさを **運**んで います。
　　　　　　　　　　　　　　（　　）

③ みんなで 楽しく **遊**びます。
　　　　　　　（　　）

④ ぼくたちの 学校は **三階**だてです。
　　　　　　　　　　（　　）

⑤ 花子さんは **陽気**な 人です。
　　　　　　（　　）

⑥ 友の 死を **悲**しみます。
　　　　　（　　）

⑦ ソウルは 夏は **暑**くて、冬は 寒いです。
　　　　　　　（　　）

⑧ 四月は つばめが たまごを うむ **時期**です。
　　　　　　　　　　　　　　（　　）

⑨ かんこくでは 四月 五日に 木を **植**えます。
　　　　　　　　　　　　　（　　）

⑩ 母は いつも **温**かい ごはんを 作って くれます。
　　　　　　（　　）

87

32. 다음 □ 안에 해당하는 한자를 써 넣으세요.

① 子どもが かべに □(らくが)□きを して います。

② 学校の □□□(うんどうかい)が 始まりました。

③ 休日の □□□(ゆうえんち)は いつも 人で いっぱいです。

④ 正しい □□(おんかい)で 歌います。

⑤ 地球は □□(たいよう)の 回りを □□(うんこう)して います。

⑥ どこからか 女の 人の □□(ひめい)が 聞こえて きました。

⑦ 先生に □□(しょちゅう)みまいの 葉書を 書きました。

⑧ 君に いっそうの どりょくを □□(きたい)する。

⑨ □□(おんしつ)には めずらしい □□(しょくぶつ)が たくさん あります。

⑩ □□□(たいおんけい)で ねつを はかって みました。

湖、港、湯、登、短、童、等、筆、着、軽

湖 □□□□□

みずうみ
コ
예; 芦ノ湖、湖水、湖上

港 □□□□□

みなと
コウ
예; 港町、漁港、空港

湯 □□□□□

ゆ
トウ
예; 湯上がり、湯気、銭湯

登 ☐ ☐ ☐ ☐ ☐

のぼる
トウ・ト
예; 登頂、登録、登山

短 ☐ ☐ ☐ ☐ ☐

みじかい
タン
예; 短編、短期、短歌

童 ☐ ☐ ☐ ☐ ☐

わらべ
ドウ
예; 童歌、児童、童心

等 ☐ ☐ ☐ ☐ ☐

ひとしい
トウ
예; 対等、平等、等身大

筆 □ □ □ □ □

ふで
ヒツ
예; 筆箱、鉛筆、悪筆

着 □ □ □ □ □

きる・きせる・つく・つける
チャク・(ジャク)
예; 着物、付着、着陸

軽 □ □ □ □ □

かるい・かろやか
ケイ
예; 軽快、軽率、軽視

 연·습·문·제

33. 다음 밑줄 친 한자를 읽어 보세요.

① びわ**湖**は 日本で 一番 大きな **湖**です。
　　　（　）　　　　　　　　（　）

② **港**は たくさんの 船で にぎわって います。
　（　）

③ お金を **湯水**の ように 使う。
　　　　（　）

④ 明日、友人と 北アルプスに **登**ります。
　　　　　　　　　　　　（　）

⑤ 人生は **短**いです。
　　　　（　）

⑥ 先生は 日本かくちの **童歌**を あつめて います。
　　　　　　　　　　（　）

⑦ はんけいの **等**しい 円を 五つ 書きました。
　　　　　（　）

⑧ こうぼう(弘法)は **筆**を えらばず。
　　　　　　　　（　）

⑨ 新しい シャツを **着**て、教会へ 行きます。
　　　　　　　（　）

⑩ 木は 石より **軽**いです。
　　　　　　（　）

34. 다음 ☐ 안에 해당하는 한자를 써 넣으세요.

① かがみの ような ☐☐(こめん)を 月が てらして います.

② 新東京こくさい ☐☐(くうこう)は 成田に あります.

③ ねっ☐(とう)を ひっくりかえして、やけどしました.

④ あすから ☐☐(とうこう)時間が 30分 早く なります.

⑤ 人は だれでも 長所と ☐☐(たんしょ)が あります.

⑥ ぼくは アンデルセンの ☐☐(どうわ)が 大すきです.

⑦ マラソンで ☐☐(いっとう)に なりました.

⑧ この 本の ☐☐(ひっしゃ)は 分かりません.

⑨ 先週 デパートで 洋服を ☐☐(いっちゃく) 買いました.

⑩ ☐(けい)そつな 行動を しては いけません.

開、集、飲、歯、意、感、想、暗、業、漢 [13画]

開 □ □ □ □ □

ひらく・ひらける・あく・あける
カイ
예; 満開、開始、開店

集 □ □ □ □ □

あつまる・あつめる・つどう
シュウ
예; 集会、集合、集金、集中

飲 □ □ □ □ □

のむ
イン
예; 飲み薬、飲酒、飲料水

歯 □□□□□

は
シ
예; 歯車、虫歯、乳歯

意 □□□□□

イ
예; 意図、意志、意味

感 □□□□□

カン
예; 感覚、感情、感電

想 □□□□□

ソウ・(ソ)
예; 想像、思想、理想

일본 초등학교 3학년 한자 200字 ‥‥

暗 □ □ □ □ □

くらい
アン
예; 暗黒、暗号、暗記

業 □ □ □ □ □

わざ
ギョウ・ゴウ
예; 神業、職業、罪業

漢 □ □ □ □ □

カン
예; 漢字、漢詩、漢和辞典

 연·습·문·제

35. 다음 밑줄 친 한자를 읽어 보세요.

① 朝七時に 校門が <u>開</u>きます。
　　　　　　　　　（　　）

② 切手を <u>集</u>めるのが わたしの しゅみです。
　　　　（　　）

③ 乗るなら、<u>飲</u>むな。<u>飲</u>むなら、乗るな。
　　　　　（　　）　（　　）

④ 日本の 女性は <u>八重歯</u>が 多いです。
　　　　　　　　（　　　）

⑤ 先生に 感謝の <u>意</u>を 表しました。
　　　　　　　　（　）

⑥ <u>感</u>じた ことを ありの ままに 書きました。
　（　）

⑦ <u>予想</u>どおり 赤組が 勝ちました。
　（　　）

⑧ あまい 言葉に <u>暗</u>い 道。
　　　　　　　　（　）

⑨ 日本は <u>工業</u>の さかんな 国です。
　　　　（　　）

⑩ 平がなは <u>漢字</u>を くずして できた 文字です。
　　　　　（　　）

36. 다음 □ 안에 해당하는 한자를 써 넣으세요.

① かいかい
□□の 言葉を のべます。

② 歌と お話の □い(つど)を もよおします。

③ いんしょくてん
□□□で ジュースを □(の)みました。

④ 姉は □□(しか)の 医者です。

⑤ かいぎで いろいろな □□(いけん)が 出ました。

⑥ 小さな 子が 上手に 話したので、□□(かんしん)しました。

⑦ 月への 旅行は もう □□(くうそう)では ありません。

⑧ あんざん
□□で 答えを 出しました。

⑨ あの 人が しけんに 落ちたのは □□□(じごうじ)とくです。

⑩ 妹は おじいさんから □□(かんぶん)を 習って います。

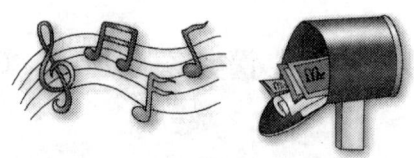

福、詩、路、農、鉄、様[14획]、緑、練、銀、駅

福 □□□□□

フク
예; 祝福、裕福、福祉

詩 □□□□□

シ
예; 詩人、詩集、詩歌

路 □□□□□

じ
ロ
예; 家路、滑走路、水路

일본 초등학교 3학년 한자 200字 ‥‥

農 □ □ □ □ □

ノウ
예; 農業、農村、農薬

鉄 □ □ □ □ □

テツ
예; 鉄道、鉄棒、鉄骨

様 □ □ □ □ □

さま
ヨウ
예; 女王様、模様、同様

緑 □ □ □ □ □

みどり
リョク・ロク
예; 緑色、新緑、緑青

練 □ □ □ □ □

ねる
レン
예; 洗練、試練、練習

銀 □ □ □ □ □

ギン
예; 銀貨、銀行、銀河系

駅 □ □ □ □ □

エキ
예; 東京駅、駅長、駅頭

 연·습·문·제

37. 다음 밑줄 친 한자를 읽어 보세요.

① わらう かどには **福** きたる。
　　　　　　　（　　）

② 形に とらわれない **詩**を **自由詩**と 言います。
　　　　　　　　　　（　）（　　　）

③ 暗く なったので、**家路**を 急ぎました。
　　　　　　　　　（　　　）

④ デンマークは **農業**の さかんな 国です。
　　　　　　　（　　）

⑤ **地下鉄**の 入り口は どこですか。
　（　　　）

⑥ **王子様**は あくまと たたかう ために 出かけました。
　（　　　）

⑦ 4月 29日は **緑**の 日で、お休みです。
　　　　　　　（　）

⑧ こなを **練**って、だんごを 作りました。
　　　　（　）

⑨ あの 人は オリンピックで **銀**メダルを とりました。
　　　　　　　　　　　　　（　）

⑩ わたしは 毎日 **駅**まで 歩いて 行きます。
　　　　　　　（　）

102

38. 다음 □ 안에 해당하는 한자를 써 넣으세요.

① スズランは ^{こうふく}□□の しるしと 言う。

② 北原白秋は 日本の 名高い ^{しじん}□□です。

③ 町に 新しい ^{どうろ}□□が できました。

④ 夏休みなので、いなかの ^{のうじょう}□□で くらします。

⑤ 長い ^{てっ}□きょうを 列車が 通って います。

⑥ 子どもが 遊ぶ ^{ようす}□□は 見て いて 楽しいです。

⑦ 五月は ^{しんりょく}□□の きせつです。

⑧ 今日、学校へ ひなんくん^{れん}□を しました。

⑨ あたり 一面が ^{ぎんせかい}□□□です。

⑩ タレントさんが 一日^{えきちょう}□□に なりました。

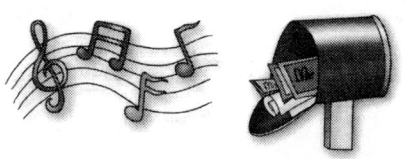

鼻、横、箱、談、調、薬、整、橋、館、題

鼻 □□□□□

はな
ビ
예; 鼻歌、鼻先、耳鼻科

横 □□□□□

よこ
オウ
예; 横波、横断、横領

箱 □□□□□

はこ
예; 救急箱、巣箱、本箱

談 □□□□□

ダン
예; 会談、談話、座談会

調 □□□□□

しらべる・ととのう・ととのえる
チョウ
예; 下調べ、調査、調和

薬 □□□□□

くすり
ヤク
예; 薬指、薬品、薬局

整 □□□□□

ととのえる・ととのう
セイ
예; 整備、整列、整数

일본 초등학교 3학년 한자 200字 ‥‥

橋 □ □ □ □ □

はし
キョウ
예; つり橋、鉄橋、陸橋

館 □ □ □ □ □

カン
예; 会館、大使館、博物館

題 □ □ □ □ □

ダイ
예; 題目、宿題、話題

 연·습·문·제

39. 다음 밑줄 친 한자를 읽어 보세요.

① 父は いつも 仕事を しながら 鼻歌を 歌います。
　　　　　　　　　　　　　　（　　）

② 母の 横顔を かきました。
　　　（　　）

③ 玉手箱を 開けると、おじいさんに なりました。
　（　　）

④ くわしい ことは 面談の 上で 決めます。
　　　　　　　　　（　　）

⑤ 図書館で こんちゅうの 本を 調べました。
　（　　）　　　　　　　　（　）

⑥ 出発の じゅんびが 調いました。
　　　　　　　　　（　）

⑦ かぜを ひいたので、薬を 飲んで 早く ねました。
　　　　　　　　　　（　）

⑧ 身なりを 整えて 外出します。
　　　　　（　）

⑨ 橋の 下を 川が 流れて います。
　（　）

⑩ 新しい げきの 題名を 考えます。
　　　　　　　　（　　）

40. 다음 □ 안에 해당하는 한자를 써 넣으세요.

① 耳が いたくて、病院の □□(じびか)へ 行きました。

② 高速道路で 自動車が □□(おうてん)して います。

③ □□(ふでばこ)の 中には いろいろな 物が 入って います。

④ みんなで □□(そうだん)して うさぎを かう ことに しました。

⑤ 先生は いつも やさしい □□(くちょう)で 話します。

⑥ 夕べ、□□(かやく)工場が ばくはつしました。

⑦ 母に 言われて、引き出しの 中を □□(せいり)しました。

⑧ 川に □□(てっきょう)を かけます。

⑨ 来週 べっ□(かん)から □□(ほんかん)へ 引っこしします。

⑩ テストに むずかしい □□(もんだい)が たくさん 出ました。

 종·합·문·제

1. 대립되는 한자를 ☐ 안에 써 넣으세요.

① 長い ↔ ☐かい ② 安い ↔ ☐い
③ 明るい ↔ ☐い ④ 重い ↔ ☐い
⑤ 寒い ↔ ☐い ⑥ 楽しい ↔ ☐しい
⑦ 始まる ↔ ☐わる ⑧ 教える ↔ ☐う
⑨ 勝つ ↔ ☐ける ⑩ 答える ↔ ☐う
⑪ 生きる ↔ ☐ぬ ⑫ 集める ↔ ☐つ
⑬ 送る ↔ ☐ける ⑭ 来る ↔ ☐る

2. 다음 밑줄 친 한자의 읽기를 (　) 안에 ひらがな로 써 넣으세요.

① 幸せは ねて いて くる ものでは ありません。(　)
② 旅行中は 天気が よくて 幸いでした。(　)
③ この 薬は 苦くて 飲みにくいです。(　)
④ 苦しい 時の 神 たのみ。(　)
⑤ あなたは 何を 着ても よく にあいます。(　)
⑥ 向うに 着いたら、お電話下さい。(　)
⑦ 妹の 病気は かなり 重い そうです。(　)
⑧ よごれた 皿は 重ねないで、運んで 下さい。(　)
⑨ 黒板を きれいに 消しました。(　)

일본 초등학교 3학년 한자 200字 ····

⑩ 急に 電気が 消えました。(   )
⑪ 動物の 世界。(   )
⑫ 食物の すききらいを なくしました。(   )
⑬ 速やかに けつだんを 下しました。(   )
⑭ 速く しないと、間に 合いません。(   )
⑮ 平和な 世界。(   )
⑯ 平等の けんり。(   )
⑰ 日本語の 受け身と 使役に ついて 勉強します。(   )
⑱ 用事で 区役所へ 行きました。(   )
⑲ かぜの ために 悪寒が します。(   )
⑳ 悪意に みちた 発言。(   )

3. 다음 □ 안에 해당하는 한자를 써 넣으세요.

① よてい   れんしゅう   はじ
  □□通り、□□を □めました。

② ひつじ   りゅうこう   ふく
  □の 毛で、□□の □を 作りました。

③   お   りょうあし
  川に □ちて、□□を いためました。

④ たいへいよう
  □□□を 船で わたります。

⑤ やど   ちゅうおう
  □の □□ホールで 会いましょう。

⑥   かん   いしゃ
  どんな □じの お□□さんですか。

110

⑦ □□で □□を □てます
   おんしつ しょくぶつ そだ

⑧ たまには □□で □□□を □きましょう。
   おくがい いいんかい ひら

⑨ おばあさんは □□と □□が すきです。
   わしょく りょくちゃ

⑩ 自分の □□は 自分で □めます。
   しんろ き

참고1

中:申す	血:皿	島:鳥
持つ:待つ	注ぐ:柱:住む	反:坂:板
門:問う:間:開ける		

일본 초등학교 4학년 한자 200字

士、不、夫、欠、氏、以、付、令、加、功

士 □□□□□

シ
예; 武士、博士、飛行士

不 □□□□□

フ・ブ
예; 不便、不満、不用心

夫 □□□□□

おっと
フ・フウ
예; 農夫、夫妻、夫婦

일본 초등학교 4학년 한자 200字····

欠 □ □ □ □ □

かける・かく
ケツ
예; 欠席、欠点、補欠

氏 □ □ □ □ □

うじ
シ
예; 氏神、氏名、中川氏

以 □ □ □ □ □

イ
예; 以下、以外、以前

付 □ □ □ □ □

つける・つく
フ
예; 受付、付着、寄付

令 □ □ □ □ □

レイ
예; 命令、令嬢、伝令

加 □ □ □ □ □

くわえる・くわわる
カ
예; 増加、参加、追加

功 □ □ □ □ □

コウ・ク
예; 功績、年功、功徳

 연·습·문·제

41. 다음 밑줄 친 한자를 읽어 보세요.

① すもうとりを **力士**とも 言います。
　　　　　　　（　　）

② 大雨で 電車が **不通**に なりました。
　　　　　　　　（　　）

③ 花子は **夫**に 早く 死なれて、くろうして います。
　　　　（　）

④ 茶わんを 落として **欠**いて しまいました。
　　　　　　　　　（　）

⑤ **氏**より 育ち。
　（　）

⑥ この 本は 一週間**以内**に 返さなければ ならない。
　　　　　　　　　（　　）

⑦ 生まれた 子犬に 名前を **付**けました。
　　　　　　　　　　　　（　）

⑧ **伝令**が **指令**を 伝えます。
　（　　）　（　　）

⑨ だんだん スピードが **加**わります。
　　　　　　　　　　（　）

⑩ **夫人**の 内助の **功**は 大きいです。
　（　　）　　　　（　）

42. 다음 □ 안에 해당하는 한자를 써 넣으세요.

① □□□□(しのうこうしょう) という 身分せいど。

② この つくえは □□□(ふあんてい)です。

③ あれこれ □□(くふう)して いい 作品を 作りました。

④ 先生は 毎日 □□(しゅっけつ)を とります。

⑤ 大野□(し)が あの 会社の 社長です。

⑥ □□(いぜん) そんな 事が ありました。

⑦ この □□(ふきん)は 交通じこが 多いです。

⑧ □□(ごうれい)を かけます。

⑨ げんりょうを □□(かこう)して せいひんを 作ります。

⑩ しっぱいは せい□(こう)の もと。

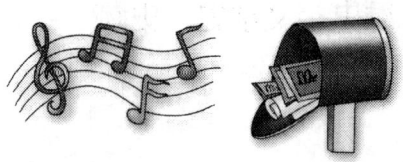

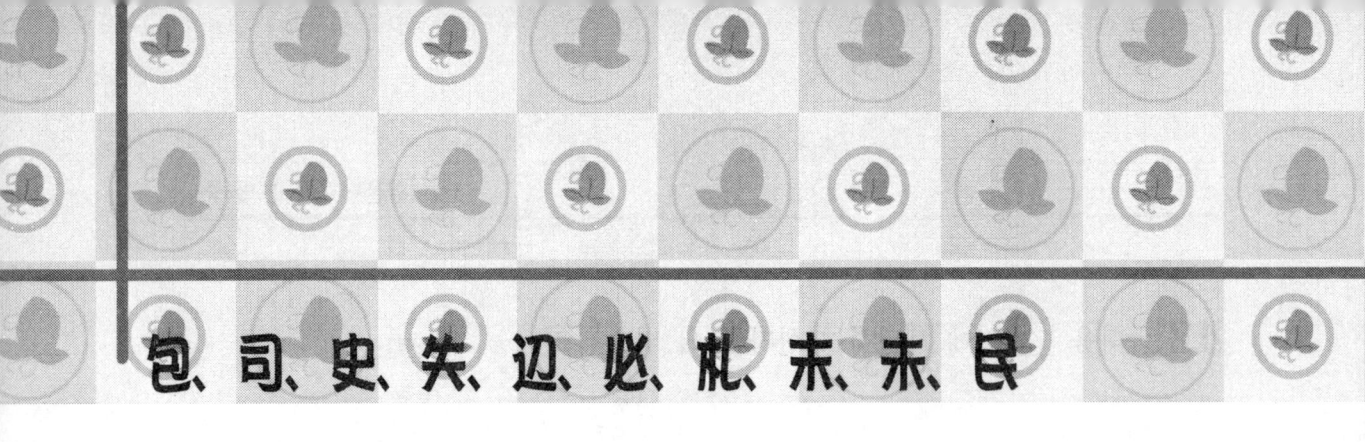

包、司、史、失、辺、必、札、末、未、民

包 □ □ □ □ □

つつむ
ホウ
예; 包囲、包装、包帯

司 □ □ □ □ □

シ
예; 司令、司会、司書

史 □ □ □ □ □

シ
예; 歴史、文学史、史跡

失 □□□□□

うしなう
シツ
예; 失望、失礼、失明

辺 □□□□□

あたり・べ
ヘン
예; 海辺、身辺、周辺、

必 □□□□□

かならず
ヒツ
예; 必要、必勝、必需品

札 □□□□□

ふだ
サツ
예; 荷札、改札口、表札

일본 초등학교 4학년 한자 200字 ‧‧‧‧

末 □□□□□

すえ
マツ・バツ
예; 結末、粉末、末子

未 □□□□□

ミ
예; 未開、未来、未成年

民 □□□□□

たみ
ミン
예; 市民、農民、国民

 연·습·문·제

43. 다음 밑줄 친 한자를 읽어 보세요.

① いなかから **小包**が とどきました。
　　　　　　（　　）

② ぼくは 学級会の **司会者**に えらばれました。
　　　　　　　　　（　　　）

③ **史上**さいだいの できごと。
　（　　）

④ どんな ことが あっても きぼうを **失**うな。
　　　　　　　　　　　　　　　　（　）

⑤ この **辺**りは 家が 少ない。
　　　（　）

⑥ よばれたら、**必**ず 返事を して 下さい。
　　　　　　　（　）

⑦ 学校に 行く 時は、**名札**を きちんと つけます。
　　　　　　　　　　（　　）

⑧ くろうの **末**に、やっと 大学に 入る 事が できた。
　　　　　（　）

⑨ **未知**の 世界。
　（　　）

⑩ 王様は **民**の 声に 耳を かたむけました。
　　　　（　）

44. 다음 □ 안에 해당하는 한자를 써 넣으세요.

① けがを したので、□(ほう)たいを して もらいました。

② 会社で □□(じょうし)に ほめられました。

③ 社会の 時間に □□□(せかいし)を 学びます。

④ 大雨で 橋が □□(りゅうしつ)しました。

⑤ 正方形の □□(いっぺん)の 長さは どれも 等しいです。

⑥ これは 大学生の □□(ひつどく)の 本です。

⑦ 一万円の にせ□(さつ)が 大阪で 見つかりました。

⑧ □□□(がくねんまつ)の テストが 始りました。

⑨ 来週の 予定は □□(みてい)です。

⑩ 「ももたろう」は 日本の □□(みんわ)です。

[예] 争、仲、伝、兆、共、印、各、好、成、灯

争 □□□□□

あらそう
ソウ
예; 競争、戦争、論争

仲 □□□□□

なか
チュウ
예; 仲間、仲介、仲裁

伝 □□□□□

つたわる・つわえる・つたう
デン
예; 言い伝え、宣伝、伝説

일본 초등학교 4학년 한자 200字 ‥‥

兆 □□□□□

きざす・きざし
チョウ
예; 兆候、前兆、一兆円

共 □□□□□

とも
キョウ
예; 共働き、共通、共感、共学

印 □□□□□

しるし
イン
예; 矢印、印刷、印鑑、印象

各 □□□□□

おのおの
カク
예; 各地、各所、各種

好 □ □ □ □ □

このむ・すく
コウ
예; 好奇心、好物、友好

成 □ □ □ □ □

なる・なす
セイ・ジョウ
예; 成田空港、成功、完成、成就

灯 □ □ □ □ □

ひ
トウ
예; 灯火、電灯、灯油

 연·습·문·제

45. 다음 밑줄 친 한자를 읽어 보세요.

① 親子の 血は 争われない ものである。
　　　　　　　（　　）

② みんなで 仲よく 遊んで います。
　　　　　（　　）

③ ようけんは 電話で 伝えました。
　　　　　　　　　（　　）

④ 野山に 春の 兆しが 見えます。
　　　　　　　（　　）

⑤ 中山さんは 共ばたらきです。
　　　　　　（　　）

⑥ チョークで 印を つけた 方向に 進んで 下さい。
　　　　　（　　）

⑦ 平和に ついて 各自分の 考えを のべます。
　　　　　　　（　　）

⑧ 何でも 好ききらい なく 食べる ことが 好ましい。
　　　（　　）　　　　　　　　　　（　　）

⑨ 一度 決心した ことは 必ず 成しとげます。
　　　　　　　　　　　　（　　）

⑩ みさきの 灯台の 灯は 遠くからも 見えます。
　　　　　（　　）（　　）

46. 다음 □ 안에 해당하는 한자를 써 넣으세요.

① せん□(そう)は ぜったいに しては いけないんです。

② 犬と さるは □(なか)が 悪いです。

③ 母から 姉に □□(でんごん)を たのまれました。

④ 大じしんの □□(ぜんちょう)の ような ことが おこりました。

⑤ □□(こうきょう)の ものは 大切に 使いましょう。

⑥ 平和じょうやくに □□(ちょういん)する。

⑦ 世界□□(かっこく)から せんしゅが 集まりました。

⑧ 人の □□(こうい)は、すなおに 受けよう。

⑨ 一月 十五日は □□(せいじん)の 日です。

⑩ ここの □□(しょうとう)時間は 夜 十時です。

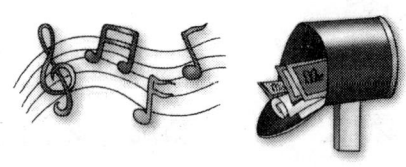

老、衣、位、低、児、兵、冷、初、別、利

老 □□□□□

おいる・ふける
ロウ
예; 老年、老後、老練

衣 □□□□□

ころも
イ
예; 衣がえ、衣服、白衣

位 □□□□□

くらい
イ
예; 気位、地位、品位　※三位一体

低 □ □ □ □ □

ひくい・ひくめる・ひくまる
テイ
예; 最低、低下、低能

児 □ □ □ □ □

ジ・ニ
예; 児童、孤児、小児科

兵 □ □ □ □ □

ヘイ・ヒョウ
예; 歩兵、兵器、兵糧

冷 □ □ □ □ □

つめたい・ひえる・ひや・ひやす・ひやかす・さめる・さます
レイ
예; 冷蔵庫、冷房、冷静

初 □□□□□

はじめ・はじめて・はつ・うい・そめる
ショ
예; 初恋、初陣、書き初め、初代

別 □□□□□

わかれる
ベツ
예; 別居、別室、特別

利 □□□□□

きく
リ
예; 左利き、有利、便利

 연·습·문·제

47. 다음 밑줄 친 한자를 읽어 보세요.

① あの 人は じっさいの 年よりも <u>老</u>けて 見えます。
　　　　　　　　　　　　　　　　　（　　）

② <u>衣</u>がえの 時期に なりました。
　（　　）

③ 九州は 日本の 西南に <u>位</u>する。
　　　　　　　　　　　　（　　）

④ <u>低</u>い 山が つらなって います。
　（　　）

⑤ <u>育児</u>は 親の 大事な 仕事です。
　（　　）

⑥ かんこくの 男には <u>兵役</u>の ぎむが あります。
　　　　　　　　　　（　　）

⑦ <u>冷</u>たい 水で 頭を <u>冷</u>やします。
　（　　）　　　　　　（　　）

⑧ 今年に なって <u>初</u>めて 泳ぎました。
　　　　　　　　（　　）

⑨ 一年前から 両親は <u>別</u>れて くらして います。
　　　　　　　　　　（　　）

⑩ 花子は よく 気の <u>利</u>く 子です。
　　　　　　　　　　（　　）

133

48. 다음 ☐ 안에 해당하는 한자를 써 넣으세요.

① 乗り物の 中では ☐☐(ろうじん)に せきを ゆずりましょう。

② ☐☐☐(いしょくじゅう)は、人の くらしに なくては ならない ものです。

③ ぼくたちは 校内野球大会で ☐☐(さんい)に なりました。

④ ☐☐(ていおん)が はっきり しません。

⑤ ☐☐(しょうに)まひは、おそろしい 病気です。

⑥ アメリカの ☐☐(へいりょく)は 世界一です。

⑦ 血も なみだも ない ☐(れい)こくな 人。

⑧ ☐☐(しょしん)を わすれずに 練習に はげみます。

⑨ 兄は 日に やけて、☐☐(べつじん)の ようです。

⑩ 原子力を 平和の ために ☐☐(りよう)します。

努、労、告、囲、完、希、芸、折、改、材

努 □□□□□

つとめる
ド
예; 努力、努力家

労 □□□□□

ロウ
예; 労働、労役、過労

告 □□□□□

つげる
コク
예; 告げ口、広告、忠告

일본 초등학교 4학년 한자 200字 ‧ ‧ ‧ ‧

囲 □□□□□
かこむ・かこう
イ
예; 包囲、周囲、範囲

完 □□□□□
カン
예; 完了、完備、完成

希 □□□□□
キ
예; 希薄、希望、希求

芸 □□□□□
ゲイ
예; 芸術、文芸、芸能

折 □□□□□

おる・おり・おれる
セツ
예; 折りたたみ、屈折、折半

改 □□□□□

あらためる・あらたまる
カイ
예; 改善、改名、改札口

材 □□□□□

ザイ
예; 材料、木材、人材

 연·습·문·제

49. 다음 밑줄 친 한자를 읽어 보세요.

① 何とか ご期待に そう よう、**努**めます。
　　　　　　　　　　　　　（　　）

② これは 長年に わたる 父の **労作**です。
　　　　　　　　　　　　　（　　）

③ こいびとに 別れを **告**げました。
　　　　　　　（　　）

④ **囲**いの あみが やぶれて、にわとりが にげました。
（　　）

⑤ しあいで かれに **完全**に 負けました。
　　　　　　　（　　）

⑥ この ほうせきは **希少**かちが あります。
　　　　　　　　（　　）

⑦ 母と すばらしい **曲芸**を 見ました。
　　　　　　　（　　）

⑧ 弟は 色紙で つるを **折**りました。
　　　　　　　　（　　）

⑨ 悪い ところは これから **改**めます。
　　　　　　　　　（　　）

⑩ この 本を 国語の **教材**に したいです。
　　　　　　　（　　）

50. 다음 □ 안에 해당하는 한자를 써 넣으세요.

① □□した かいが あって、せいせきが 上がりました。 (どりょく)

② 台風の ために 今までの □□が と□に 終わった。 (くろう, ろう)

③ 神さまに 自分の つみを □□します。 (こくはく)

④ いつの間にか すっかり てきに □□されました。 (ほうい)

⑤ この 物語は 三月号で □けつします。 (かん)

⑥ ナポレオンは □□の えいゆうで あります。 (きだい)

⑦ 姉は □□を 習って います。 (しゅげい)

⑧ じけんの □□を 語ります。 (きょくせつ)

⑨ 列車の じこくひょうが □□されました。 (かいせい)

⑩ □□おきばは あの 広場です。 (ざいもく)

束、求、臣、良、例⁽⁸画⁾、典、刷、協、卒、参

束 □□□□□

たば
ソク
예; 札束、約束、結束

求 □□□□□

もとめる
キュウ
예; 要求、求刑、追求

臣 □□□□□

シン・ジン
예; 臣下、忠臣、大臣

良 □ □ □ □ □

よい
リョウ
예; 仲良し、良薬、良好

例 □ □ □ □ □

たとえる
レイ
예; 例文、用例、例外

典 □ □ □ □ □

テン
예; 式典、典型、辞典

刷 □ □ □ □ □

する
サツ
예; 刷り物、印刷、縮刷版

協 □ □ □ □ □

キョウ
예; 協会、協調、協定

卒 □ □ □ □ □

ソツ
예; 卒業、中卒、兵卒、卒倒

参 □ □ □ □ □

まいる
サン
예; 参拝、参加、参照

 연·습·문·제

51. 다음 밑줄 친 한자를 읽어 보세요.

① かんしゃの 気持ちを こめて <u>花束</u>を 送りました。
　　　　　　　　　　　　　　（　　）

② 女の 人が 助けを <u>求</u>めて きました。
　　　　　　　　　（　）

③ 作文コンクールで <u>文部大臣</u>しょうを もらいました。
　　　　　　　　　（　　　　）

④ ぼくたちは <u>仲良</u>しです。
　　　　　　（　　）

⑤ <u>例</u>えば、君が 大金を 拾ったと する。
　（　）

⑥ 「万葉集」は 日本の 代表てきな <u>古典</u>です。
　　　　　　　　　　　　　　　（　　）

⑦ さいきん、<u>色刷</u>りの <u>印刷物</u>が ふえて きました。
　　　　　（　　）　（　　　）

⑧ これからの 農業<u>協同組合</u>の 役目を 考えます。
　　　　　　　（　　　　）

⑨ 友だちに <u>卒園式</u>の 写真を 見せました。
　　　　　（　　　）

⑩ 新年に なると、日本人は お<u>参</u>りに 行きます。
　　　　　　　　　　　　　　（　）

143

52. 다음 □ 안에 해당하는 한자를 써 넣으세요.

① 古本を □□□□(にそくさんもん)で 売りました。

② 新聞に □□□□(きゅうじんこうこく)を 出しました。

③ 君主国の 国民を □□(しんみん)と 言います。

④ □□(りょうしん)に はじない 行いを する つもりです。

⑤ 先生は いつも □(れい)を あげながら せつめいします。

⑥ おじさんが 弟に □□□□(ひゃっかじてん)を 買って くれました。

⑦ 今の 国の せいじを □□(さっしん)しなければ なりません。

⑧ 人々は おたがいに □□(きょうりょく)しなければ なりません。

⑨ □□(こうそつ)では いい 仕事が 見つかりません。

⑩ この 本を □□(さんこう)に して 調べなさい。

周、固、季、官、底、府、径、英、芽、念

周 □□□□□

まわり
シュウ
예; 周囲、円周、周知

固 □□□□□

かためる・かたまる・かたい
コ
예; 固体、固定、固有

季 □□□□□

キ
예; 季節、四季、春季

일본 초등학교 4학년 한자 200字 ‥‥

官 ☐ ☐ ☐ ☐ ☐

カン
예; 教官、官庁、器官

底 ☐ ☐ ☐ ☐ ☐

そこ
テイ
예; 底力、底辺、徹底

府 ☐ ☐ ☐ ☐ ☐

フ
예; 大阪府、政府、幕府

径 ☐ ☐ ☐ ☐ ☐

ケイ
예; 小径、直径、半径

英 □□□□□

エイ
예; 英雄、英語、英文

芽 □□□□□

メガ
예; 芽生え、新芽、発芽

念 □□□□□

ネン
예; 信念、残念、念願

연·습·문·제

53. 다음 밑줄 친 한자를 읽어 보세요.

① 学校の **周**りには 車が 多いので、注意しよう。
　　　　（　　）

② 雪を **固**めて 雪だるまを 作ります。
　　　（　　）

③ 六月から **雨季**に 入ります。
　　　　（　　）

④ 大きく なったら、**外交官**に なりたいです。
　　　　　　　　（　　　）

⑤ 水が きれいなので、**川底**まで よく 見えます。
　　　　　　　　（　　）

⑥ 日本の **首府**は 東京です。
　　　（　　）

⑦ **半径** 五センチの 円の めんせきを 求めます。
　（　　）

⑧ テストの ために 毎日 **英会話**の 練習を します。
　　　　　　　　　（　　　）

⑨ ひまわりの たねが **芽**を 出しました。
　　　　　　　（　）

⑩ わすれものを しない ように **念**を おしました。
　　　　　　　　　　　　（　）

54. 다음 ☐ 안에 해당하는 한자를 써 넣으세요.

① あすは 開校 ☐☐☐(じっしゅうねん)の ☐☐☐(きねんび)です。

② かれは ☐☐(きょうこ)な いしを 持って います。

③ はいくには ☐☐(きご)が ひつようです。

④ ☐(かん)せいはがきを まとめて 百まい 買いました。

⑤ ☐☐(かいてい)を たんけんします。

⑥ 国会は 国の りっぽう☐(ふ)です。

⑦ ☐☐(ちょっけい)の やく 3·14倍が ☐☐(えんしゅう)です。

⑧ かれは ☐☐(えいこく)の 作家です。

⑨ たねを まいてから ☐☐(はつが)まで 一週間 かかります。

⑩ この 植物は てんねん☐☐☐(きねんぶつ)に 指定されて います。

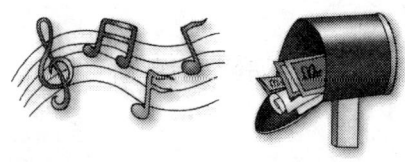

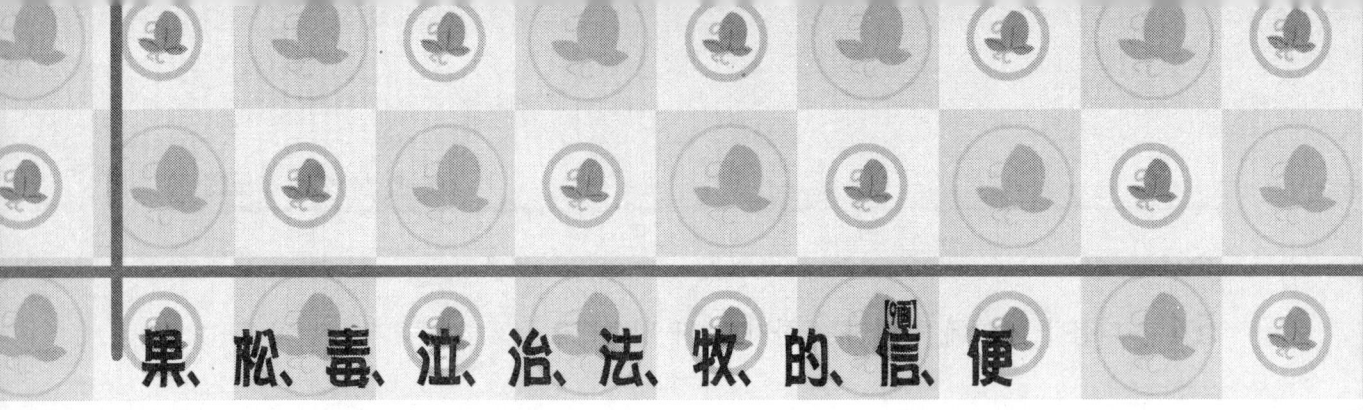

果、松、毒、泣、治、法、牧、的、信、便

果 □□□□□

はたす・はてる・はて
カ
예; 果樹園、結果、効果　※果物

松 □□□□□

まつ
ショウ
예; 門松、松並木、松竹梅

毒 □□□□□

ドク
예; 毒薬、有毒、毒蛇

泣 □□□□□

なく
キュウ
예; 泣き虫、もらい泣き、号泣

治 □□□□□

おさめる・おさまる・なおる・なおす
ジ・チ
예; 政治、統治、治療

法 □□□□□

ホウ・ハッ・ホッ
예; 法律、法度、法主

牧 □□□□□

まき
ボク
예; 遊牧、牧畜、牧師

일본 초등학교 4학년 한자 200字 ····

的 □ □ □ □ □

まと
テキ
예; 的中、目的、形式的

信 □ □ □ □ □

シン
예; 自信、信念、通信

便 □ □ □ □ □

たより
ベン・ビン
예; 便利、小便、郵便

 연·습·문·제

55. 다음 밑줄 친 한자를 읽어 보세요.

① かれは 使命を <u>果</u>たして、ぶじに 帰国しました。
　　　　　　　（　　）

② 父は <u>松</u>の 木を 庭に 植えました。
　　　　（　　）

③ 夏は <u>食中毒</u>を 起こしやすいです。
　　　（　　　）

④ そんな <u>泣き言</u>を 言うな。
　　　　（　　　）

⑤ 薬を 飲んだので、病気が <u>治</u>りました。
　　　　　　　　　　　　（　　）

⑥ お茶の <u>作法</u>を 習います。
　　　　（　　）

⑦ のんびりと <u>牧草</u>を 食べて いる 牛や 馬。
　　　　　　（　　）

⑧ 矢は <u>的</u>の 中心に 当りました。
　　　（　）

⑨ あなたの 言う ことなら、<u>信</u>じます。
　　　　　　　　　　　　（　）

⑩ 国の お母さんから <u>便</u>りが きました。
　　　　　　　　　（　）

153

일본 초등학교 4학년 한자 200字 ‥‥

56. 다음 □ 안에 해당하는 한자를 써 넣으세요.

① 秋には いろいろな ^{かじつ}□□が とれます。

② ^{しょうちく}□□ばいは めでたい ものとして 思われます。

③ 部屋の 中を ^{しょうどく}□□しました。

④ 美しい あいじょうの 物語に ^{かんきゅう}□□しました。

⑤ こうずいの 後、^{ちすいこうじ}□□□□が 始りました。

⑥ れいぎ^{さほう}□□。

⑦ おじいさんの ^{ぼくじょう}□□に 家族で 遊びに 行きました。

⑧ ドアが ^{じどうてき}□□□に ひらきます。

⑨ うそを つくと ^{しんよう}□□を なくします。

⑩ ここは 交通の ^{ふべん}□□な ところです。

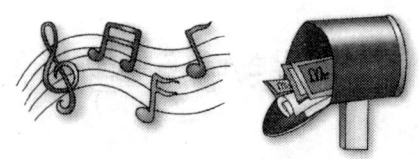

勇、型、変、建、単、昨、栄、浅、省、祝

勇 □□□□□

いさむ
ユウ
예; 勇敢、勇士、勇者

型 □□□□□

かた
ケイ
예; 小型、模型、典型的

変 □□□□□

かわる・かえる
ヘン
예; 変人、変形、変更

일본 초등학교 4학년 한자 200字 ‥‥

建 □ □ □ □ □

たてる・たつ
ケン・コン
예; 建物、建設、建立

単 □ □ □ □ □

タン
예; 単価、単純、簡単

昨 □ □ □ □ □

サク
예; 昨日、昨夜、昨年

栄 □ □ □ □ □

さかえる・はえ・はえる
エイ
예; 栄転、栄養、繁栄

浅 □□□□□

あさい
セン
예; 浅瀬、浅黒い、深浅

省 □□□□□

かえりみる・はぶく
セイ・ショウ
예; 自省、省略、文部省

祝 □□□□□

いわう
シュク・シュウ
예; 卒業祝い、祝福、祝言　※祝詞

연·습·문·제

57. 다음 밑줄 친 한자를 읽어 보세요.

① 民族の どくりつの ために <u>勇</u>ましく たたかいました。
　　　　　　　　　　　　　（　　）

② <u>大型</u>バスを かりきって 旅行に 行きました。
　（　　）

③ 父と 母は あれ地を 畑に <u>変</u>えました。
　　　　　　　　　　　　（　　）

④ まるい 屋根の <u>建物</u>は 教会です。
　　　　　　　　（　　）

⑤ 父は <u>単身</u>ふにんで 北海道で 行きました。
　　　　（　　）

⑥ <u>昨今</u>は、交通じこが ふえて います。
　（　　）

⑦ イスラエルは ソロモン王の 時、一番 <u>栄</u>えました。
　　　　　　　　　　　　　　　　　（　　）

⑧ この 川は <u>浅</u>いので、歩いて わたれます。
　　　　　（　　）

⑨ 人は 自分の 行いを <u>省</u>みなければ なりません。
　　　　　　　　　　（　　）

⑩ お<u>祝</u>いの でんぽうを <u>祝電</u>と 言います。
　　（　　）　　　　　　（　　）

58. 다음 □ 안에 해당하는 한자를 써 넣으세요.

① 父に はげまされて □□(ゆうき)が わきました。

② □□□(りゅうせんけい)の 自動車。

③ きせつの □(か)わり目は 気温の □□(へんか)が はげしいです。

④ 二月 十一日は □□□□(けんこくきねん)の 日です。

⑤ 先生は □□(たんげん)が 終わる 度に テストを やりました。

⑥ □□(さくねん)は いねが 不作でした。

⑦ おほめいただいて、たいへん □□(こうえい)です。

⑧ □□(せんがく)ひさいの 身。

⑨ 今までの やり方を □□(はんせい)しました。

⑩ 開港百周年の □□(しゅくてん)が 行われました。

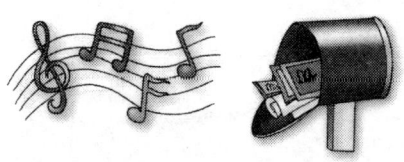

紀、約、胃、要、軍、飛、候、借、倉、孫 [10画]

紀 □ □ □ □ □

キ
예; 紀行文、風紀、紀元

約 □ □ □ □ □

ヤク
예; 予約、公約、約分

胃 □ □ □ □ □

イ
예; 胃袋、胃腸、胃液

要☐☐☐☐☐

いる
ヨウ
예; 要求、重要、要点

軍☐☐☐☐☐

グン
예; 軍事、軍隊、軍歌

飛☐☐☐☐☐

とぶ・とばす
ヒ
예; 飛び石、飛行機、飛躍

候☐☐☐☐☐

そうろう
コウ
예; 天候、気候、候補

일본 초등학교 4학년 한자 200字 ‥‥

借 □ □ □ □ □

かりる
シャク
예; 借り着、拝借、借家

倉 □ □ □ □ □

くら
ソウ
예; 倉荷、倉庫、穀倉地帯

孫 □ □ □ □ □

まご
ソン
예; ひ孫、王孫、子々孫々

 연·습·문·제

59. 다음 밑줄 친 한자를 읽어 보세요.

① あなた方が 二十一**世紀**を になります。
　　　　　　　　　（　　　）

② 学校は ここから **約** 三百メートル 先です。
　　　　　　　　（　）

③ かんこく人は **胃**ガンで 死ぬ 人が ふえて います。
　　　　　　　（　）

④ **要**る 物は 全部 かばんの 中に 入れました。
　（　）

⑤ そふは もと **軍人**でした。
　　　　　　　（　　）

⑥ 品物が **飛**ぶ ように 売れました。
　　　　（　）

⑦ 明治時代には **候文**で 手紙を 書きました。
　　　　　　　（　　）

⑧ 図書室から 本を **借**りました。
　　　　　　　　　（　）

⑨ 農村の 人々は **米倉**に お米を 運びこみました。
　　　　　　　（　　）

⑩ **初孫**を だいて、おじいさんは にこにこ して いる。
　（　　）

163

일본 초등학교 4학년 한자 200字····

60. 다음 □ 안에 해당하는 한자를 써 넣으세요.

① キリストの 生まれる 前を □□□(きげんぜん)と 言います。

② □□(やくそく)は 守らなければ なりません。

③ □(い)もたれなので、薬を 飲みました。

④ □□(ひつよう)は 発明の 母です。

⑤ 昔は 高校の 時、□□(ぐんじ)くんれんを 受けました。

⑥ □□□(ひこうじょう)には たくさんの □□(ひこう)きが あります。

⑦ よい □□(じこう)に なりました。

⑧ 銀行からの □□(しゃっきん)を かえしました。

⑨ 外国から とどいた 荷物を □□(そうこ)に 入れます。

⑩ ぼくは ぶしの □□(しそん)です。

害、差、席、帯、徒、連、郡、學、料、案

害 □□□□□

ガイ
예; 殺害、妨害、災害

差 □□□□□

さす
サ
예; 日差し、誤差、落差

席 □□□□□

セキ
예; 座席、出席、指定席

일본 초등학교 4학년 한자 200字 ‥‥

帯 □ □ □ □ □

おびる・おび
タイ
예; 帯止め、携帯、熱帯

徒 □ □ □ □ □

ト
예; 徒歩、徒労、信徒

連 □ □ □ □ □

つらなる・つらねる・つれる
レン
예; 連絡、連続、連盟

郡 □ □ □ □ □

グン
예; 郡内、西多摩郡

挙 □ □ □ □ □

あげる・あがる
キョ
예; 選挙、挙行、列挙

料 □ □ □ □ □

リョウ
예; 料金、給料、原料

案 □ □ □ □ □

アン
예; 考案、思案、案内

연·습·문·제

61. 다음 밑줄 친 한자를 읽어 보세요.

① いねの **害虫**を たいじします。
　　　　（　　）

② 戸の すきまから 日が **差**します。
　　　　　　　　　　　（　　）

③ 新学期には いつも **席**がえを します。
　　　　　　　　　（　　）

④ かきの 実が 赤みを **帯**びて きました。
　　　　　　　　　　　（　　）

⑤ あの 人は **徒手**たいそうの せんしゅです。
　　　　　（　　）

⑥ 道路に そって 商店が のきを **連**ねて います。
　　　　　　　　　　　　　　　（　　）

⑦ **郡下**には 小学校が 五つ、中学校が 三つ あります。
（　　）

⑧ 兄は きのう けっこん式を **挙**げました。
　　　　　　　　　　　　　（　　）

⑨ 魚を **材料**に して **料理**を 作ります。
　　　（　　）　　（　　）

⑩ 病気は **案外** 軽かったのです。
　　　　（　　）

62. 다음 □ 안에 해당하는 한자를 써 넣으세요.

① □□(りがい)かんけいの ない つきあい。

② □□(じさ)を 考えると カナダは 今 真夜中です。

③ ご□□(ちゃくせき)下さいませ。

④ この 辺 □□(いったい)は、□□□□(こうぎょうちたい)です。

⑤ □□(せいと)は みな □□□□(とほつうがく)です。

⑥ 暑いので、近所の □□(れんちゅう)と 島へ 遊びに 行きます。

⑦ いとこは □□(ぐんぶ)の 小学校に 通って います。

⑧ 意見の ある 人は □□(きょしゅ)して 下さい。

⑨ この 水は □□□(いんりょうすい)には てきしません。

⑩ 返された □□(とうあん)は もう 一度 やり直して みます。

梅、残、殺、浴、特、笑、粉、脈、航、訓

梅 □□□□□

うめ
バイ
예; 梅干し、梅酒、白梅

残 □□□□□

のこる・のこす
ザン
예; 心残り、残業、残飯

殺 □□□□□

ころす
ザツ・サイ・セツ
예; 殺人、相殺、殺生

浴 □□□□□

あびる・あびせる
ヨク
예; 水浴び、浴室、海水浴

特 □□□□□

トク
예; 独特、特産、特許

笑 □□□□□

わらう・えむ
ショウ
예; 笑い話、苦笑、微笑

粉 □□□□□

こ・こな
フン
예; 小麦粉、粉薬、粉末

일본 초등학교 4학년 한자 200字 ‥‥

脈 □ □ □ □ □

ミャク
예; 山脈、鉱脈、文脈

航 □ □ □ □ □

コウ
예; 航海、航路、航空機

訓 □ □ □ □ □

クン
예; 訓練、訓話、訓示

 연·습·문·제

63. 다음 밑줄 친 한자를 읽어 보세요.

① <u>梅</u>の 花は においが いいです。
　（　　）

② 夏休みも <u>残</u>り少なく なりました。
　　　　　　（　　）

③ 生き物を <u>殺</u>す ことを <u>殺生</u>と 言います。
　　　　　（　　）　　　（　　）

④ あまり 暑いので、水を <u>浴</u>びました。
　　　　　　　　　　　（　　）

⑤ ここでは、<u>特</u>に 頭上と 足下に 注意して 下さい。
　　　　　（　　）

⑥ <u>笑</u>う 門には 福が 来る。
　（　　）

⑦ <u>粉雪</u>が さらさらと ふって います。
　（　　）

⑧ お医者さんに <u>脈</u>を みて もらいました。
　　　　　　　（　　）

⑨ 外国の 友だちに <u>航空便</u>で 手紙を 出しました。
　　　　　　　　（　　）

⑩ 漢字の 読みには 音読みと <u>訓読</u>みが あります。
　　　　　　　　　　　　　（　　）

일본 초등학교 4학년 한자 200字 ‥‥

64. 다음 ☐ 안에 해당하는 한자를 써 넣으세요.

① 東北地方まで ☐☐☐☐(ばいうぜんせん)が 近づいて きました。

② ゆうしょう できなかったのは ☐☐(ざんねん)です。

③ 夫を ☐☐(さつがい)した 女。

④ ☐☐☐(にっこうよく)は けんこうに いいです。

⑤ これは あなたの ために ☐☐(とくべつ)に 作った ものです。

⑥ お母さんは いつも やさしい ☐(え)みを うかべて いる。

⑦ すぎの ☐☐(かふん)が 風に 飛ばされて います。

⑧ けっかんには、☐☐(どうみゃく)と じょう☐(みゃく)が あります。

⑨ 台風の ために 船や 飛行きが ☐☐(けっこう)に なりました。

⑩ 交通じこの 写真は むごんの ☐☐(きょうくん)に なります。

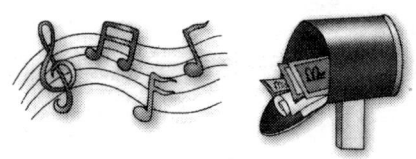

174

停、健、側、副、唱、堂、康、得、菜、陸

停 □ □ □ □ □

テイ
예; 停車、停留所、停泊

健 □ □ □ □ □

すこやか
ケン
예; 健康、健在、保健室

側 □ □ □ □ □

かわ
ソク
예; 右側、裏側、側近

일본 초등학교 4학년 한자 200字 ····

副 □ □ □ □ □

フク
예; 副賞、副業、副知事

唱 □ □ □ □ □

となえる
ショウ
예; 合唱、独唱、提唱

堂 □ □ □ □ □

ドウ
예; 講堂、礼拝堂、国会議事堂

康 □ □ □ □ □

コウ
예; 健康、小康

得 □□□□□

える・うる
トク
예; 取得、得点、得失

菜 □□□□□

な
サイ
예; 白菜、野菜、菜食

陸 □□□□□

リク
예; 陸上げ、陸上、大陸

연·습·문·제

65. 다음 밑줄 친 한자를 읽어 보세요.

① 近所に かみなりが 落ちた ため、**停電**しました。
　　　　　　　　　　　　　　　　　（　　）

② 明るい 家庭で **健**やかに 育ちました。
　　　　　　　　（　　）

③ 道の **両側**に 大きな すぎの 木が ならんで います。
　　　（　　）

④ 主食より **副食**を 多く とります。
　　　　　（　　）

⑤ リンカーンは 人間は すべて 平等だと **唱**えました。
　　　　　　　　　　　　　　　　　　（　　）

⑥ 花子さんは いつも 自分の 考えを **堂々**と のべます。
　　　　　　　　　　　　　　　（　　）

⑦ **健康**しんだんを 受けました。
　（　　）

⑧ きかいを **得**て、ぜひ 外国旅行を したいです。
　　　　　（　　）

⑨ 一面に **菜**の 花が さいて います。
　　　　（　　）

⑩ 遠まわりでも **陸橋**を わたりましょう。
　　　　　　　（　　）

66. 다음 □ 안에 해당하는 한자를 써 넣으세요.

① ふみきりを わたる 時は 必ず 一時□□(ていし)を しよう。

② あの 人は ものの 考え方が □□(けんぜん)では ありません。

③ ものの □□□(そくめんず)を かきます。

④ この 薬は □□□(ふくさよう)が 心配です。

⑤ 国語の 時間に 詩を □□(あんしょう)しました。

⑥ デパートの □□(しょくどう)で 昼ごはんを 食べました。

⑦ 病人は ここ二、三日 □□(しょうこう)じょうたいです。

⑧ ぼくは、体育と 国語が □□(とくい)です。

⑨ ここの 名物は □□□□(さんさいりょうり)です。

⑩ 飛行きが ぶじに □□(ちゃくりく)しました。

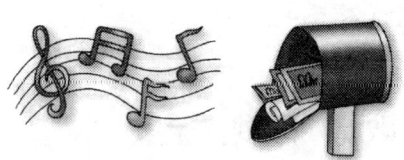

巣、救、敗、望、械、清、産、票、貨、博 [12画]

巣 □□□□□

す
ソウ
예; 空き巣、巣箱、帰巣本能

救 □□□□□

すくう
キュウ
예; 救急車、救援物資、救済

敗 □□□□□

やぶれる
ハイ
예; 敗北、敗戦、全敗

望 □ □ □ □ □

のぞむ
ボウ・(モウ)
예; 望遠鏡、野望、失望

械 □ □ □ □ □

カイ
예; 機械、器械

清 □ □ □ □ □

きよい・きよまる・きよめる
セイ・ショウ
예; 清潔、清音、清浄

産 □ □ □ □ □

うむ・うまれる・うぶ
サン
예; 産湯、出産、財産

일본 초등학교 4학년 한자 200字 ‥‥

票 □ □ □ □ □

ヒョウ
예; 伝票、投票、受験票

貨 □ □ □ □ □

カ
예; 金貨、貨物、雑貨

博 □ □ □ □ □

ハク・バク
예; 博愛、博覧会、博労

연·습·문·제

67. 다음 밑줄 친 한자를 읽어 보세요.

① 兄は 大学を 卒業して、実社会に **巣立**ちました。
　　　　　　　　　　　　　　　　（　　）

② 命を **救**う ために あらゆる 手当てを ほどこした。
　　　（　　）

③ えんちょうせんに なったが、力つきで **敗**れました。
　　　　　　　　　　　　　　　　（　　）

④ どんな 親でも、親は 子どもの 幸せを **望**みます。
　　　　　　　　　　　　　　　　　　（　　）

⑤ き**械**たいそうの せんしゅ。
　（　　）

⑥ 教会に 行くと、身も 心も **清**められます。
　　　　　　　　　　　　（　　）

⑦ 赤ちゃんの **産声**。
　　　　　　（　　）

⑧ これから せんきょの **開票**そくほうを 伝えます。
　　　　　　　　　　（　　）

⑨ 先週の 日曜日、母と **百貨店**に 行きました。
　　　　　　　　　　（　　）

⑩ ぼくの 父は **文学博士**です。
　　　　　　（　　）

68. 다음 □ 안에 해당하는 한자를 써 넣으세요.

① レントゲンけんさで 古い □□(びょうそう)が 見つかりました。

② 生きうめに なった 人が 二日ぶりに □□(きゅうしゅつ)された。

③ □□(しっぱい)は 成功の もとです。

④ 親に しょうらいの □□(きぼう)を のべました。

⑤ かんこくの 農業も すっかり き□(かい)化されました。

⑥ 作文の 下書を □□(せいしょ)します。

⑦ 日本は □□□(すいさんぎょう)が さかんな 国です。

⑧ 意見が なければ、□□(ひょうけつ)に うつります。

⑨ 土の 中から 昔の □□(ぎんか)が あらわれました。

⑩ 校長先生は □□(はくがく)な 方です。

喜、達、隊、散、景、最、極、満、焼、然

喜☐☐☐☐☐

よろこぶ
キ
예; 大喜び、喜劇、喜怒哀楽

達☐☐☐☐☐

タツ
예; 配達、伝達、上達

隊☐☐☐☐☐

タイ
예; 軍隊、部隊、縦隊

일본 초등학교 4학년 한자 200字 ‥‥

散 □□□□□

ちる・ちらす・ちらかす・ちらかる
サン
예; 散在、解散、発散

景 □□□□□

ケイ
예; 風景、景観、背景

最 □□□□□

もっとも
サイ
예; 最善、最初、最高

極 □□□□□

きわめる・きわまる・きわみ
キョク・ゴク
예; 北極、極端、極上

満 □ □ □ □ □

みちる・**み**たす
マン
예; 満期、満腹、満月

焼 □ □ □ □ □

やく・やける
ショウ
예; 焼き肉、焼け石、全焼

然 □ □ □ □ □

ゼン・ネン
예; 当然、未然、天然

연·습·문·제

69. 다음 밑줄 친 한자를 읽어 보세요.

① ハイキングは ぬか**喜**びに 終わって しましました。
　　　　　　　　　（　　）

② おおさかは よど川の かこうに **発達**した 都市です。
　　　　　　　　　　　　　　　　（　　）

③ ぼくは **合唱隊**の 一員です。
　　　　（　　　）

④ **散**らかって いる 部屋を 整理しました。
　（　）

⑤ ホンコンの **夜景**は 世界一 すばらしいです。
　　　　　　　（　　）

⑥ 正男君は クラスで **最**も よく できる 人です。
　　　　　　　　　（　）

⑦ それは **極**めて 重要な 問題です。
　　　　（　）

⑧ **喜**びに **満**ちあふれて いる 顔。
　（　）　（　）

⑨ 西の 空が **夕焼**けで 真っ赤です。
　　　　　（　　）

⑩ 大切な **自然**を みんなで 守りましょう。
　　　　（　　）

70. 다음 □ 안에 해당하는 한자를 써 넣으세요.

① みんなの 顔に □□(きしょく)が うかんで います。

② 日本の 石田 ひかるさんは 英語が □□(たっしゃ)です。

③ □□(へいたい)が □□(たいれつ)を みださずに 行進して います。

④ 父は 毎朝、犬を つれて □□(さんぽ)します。

⑤ 今の 日本は □□□(ふけいき)です。

⑥ それは □□(さいしん)の ニュースでは ありません。

⑦ □□(なんきょく)は □□(ごっかん)の 地です。

⑧ 公園の さくらの 花が □□(まんかい)です。

⑨ それは 明治時代に □□(しょうしつ)した ものです。

⑩ わしは □□□□□(てんねんきねんぶつ)に 指定されて います。

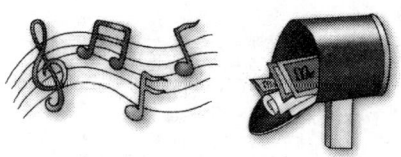

無、給、結、街、覚、象、貯、費、量、順

無 □□□□□

ない
ム・ブ
예; 無気力、有無、無事　※水無月、神無月

給 □□□□□

キュウ
예; 配給、時給、給料

結 □□□□□

むすぶ・ゆう・ゆわえる
ケツ
예; 連結、団結、結論

街 □□□□□

まち
ガイ・カイ
예; 住宅街、街路樹、五街道

覚 □□□□□

おぼえる・さます・さめる
カク
예; 見覚え、目覚め、感覚、自覚

象 □□□□□

ショウ・ゾウ
예; 気象、印象、象牙

貯 □□□□□

チョ
예; 貯蓄、貯水池、貯蔵

費 □ □ □ □ □

ついやす・ついえる
ヒ
예; 会費、費用、学費

量 □ □ □ □ □

はかる
リョウ
예; 雨量、音量、重量挙げ

順 □ □ □ □ □

ジュン
예; 順位、手順、順延

 연·습·문·제

71. 다음 밑줄 친 한자를 읽어 보세요.

① 昨日は ひなん訓練の ため、午後の 勉強は <u>無</u>かった。
　　　　　　　　　　　　　　　　　　　　　　　（　　）

② 楽しい <u>給食</u>の 時間に なりました。
　　　　　（　　）

③ くつの ひもを しっかり <u>結</u>びました。
　　　　　　　　　　　　　（　　）

④ <u>街</u>の ネオンが ほうせきの ように 光って います。
　（　）

⑤ <u>目覚</u>まし時計の ベルで 目が <u>覚</u>めました。
　（　　）　　　　　　　　　　（　　）

⑥ アフリカ<u>象</u>は 気が あらいです。
　　　　　（　　）

⑦ <u>貯金</u>を おろして 本を 買いました。
　（　　）

⑧ かれは 自分の 全ざいさんを <u>費</u>やして しまった。
　　　　　　　　　　　　　　　（　　）

⑨ <u>量</u>り売りで 灯油を 買いました。
　（　）

⑩ 仕事は すべて <u>順調</u>に 進んで います。
　　　　　　　　（　　）

193

일본 초등학교 4학년 한자 200字 ····

72. 다음 □ 안에 해당하는 한자를 써 넣으세요.

① 空には □□(むすう)の 星が きらめいて います。

② □□(きゅうゆ)の ため ガソリンスタンドで 車を 止めました。

③ うちの 学校で 野球チームを □□(けっせい)しました。

④ 白い きれを ぼうの 先に □(ゆ)わえました。

⑤ この 辺りは □□□(しょうてんがい)です。

⑥ 小さい ころの 事は 何も □(おぼ)えて いません。

⑦ 漢字の □□□□(しょうけいもじ)。

⑧ ダムの □□□(ちょすいりょう)を 調べます。

⑨ 日本の 文部省の □□(こくひ)りゅう学生。

⑩ □□(だじゅん)が 一番の 人に もどりました。

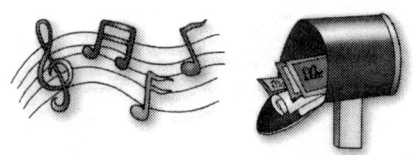

194

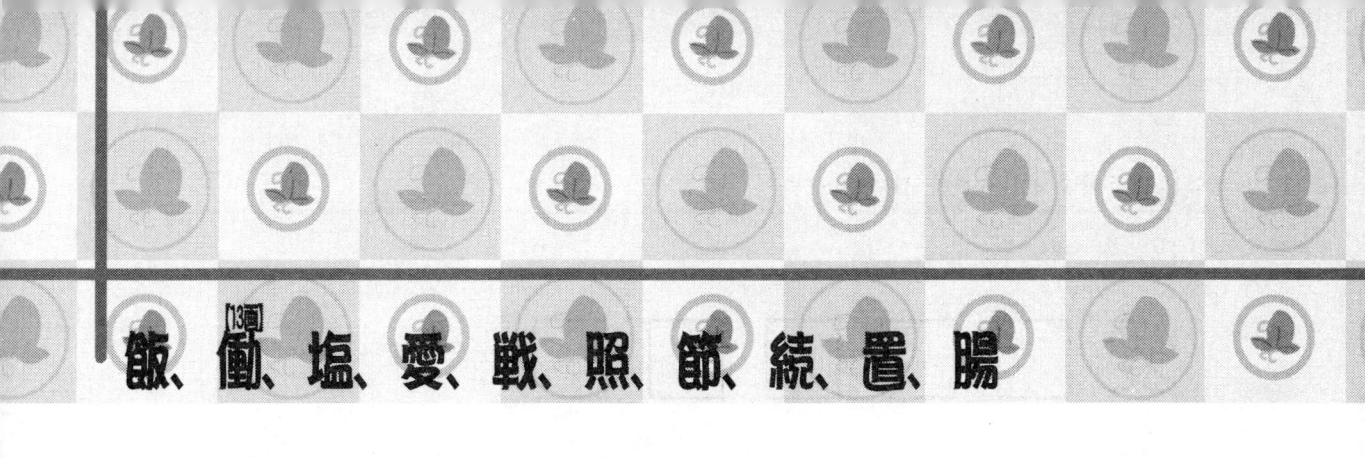

飯、働、塩、愛、戦、照、節、続、置、腸

飯 □□□□□

めし
ハン
예; 麦飯、赤飯、残飯

働 □□□□□

はたらく
ドウ
예; 働き盛り、労働、実働

塩 □□□□□

しお
エン
예; 塩焼、食塩、塩田

일본 초등학교 4학년 한자 200字 ····

愛 □ □ □ □ □

アイ
예; 恋愛、愛国心、愛情

戦 □ □ □ □ □

いくさ・たたかう
セン
예; 戦争、優勝戦、戦死

照 □ □ □ □ □

てる・てらす・てれる
ショウ
예; 日照り、照明、対照

節 □ □ □ □ □

ふし
セツ・セチ
예; 節くれ、季節、お節料理

続 □□□□□

つづく・つづける
ソク
예; 引き続き、継続、持続

置 □□□□□

おく
チ
예; 置き忘れ、放置、配置

腸 □□□□□

チョウ
예; 胃腸、大腸、十二指腸

 연·습·문·제

73. 다음 밑줄 친 한자를 읽어 보세요.

① そんな ことは **朝飯前**です。
　　　　　　　（　　）

② 最近、農家では わかい **働**き手が 不足して います。
　　　　　　　　　　（　　）

③ 魚に **塩**を かけて 焼きます。
　　　（　　）

④ 人を **愛**し、平和を **愛**する 心が 大切です。
　　（　）　　　　（　）

⑤ 正々堂々に **戦**いました。
　　　　　（　　）

⑥ 顔と 写真を **照**らし合わします。
　　　　　　（　　）

⑦ 竹の **節**で 生け花を 作ります。
　　（　）

⑧ 何日も 雨が ふり**続**いて います。
　　　　　　　　（　）

⑨ 家の とこの間に **置物**を かざりました。
　　　　　　　（　　）

⑩ スーパーで **腸**づめ(ソーセージ)を 買いました。
　　　　　（　）

74. 다음 □ 안에 해당하는 한자를 써 넣으세요.

① ゆうはん
□□の 時間に 間に合う ように 帰ります。

② 畑仕事は じゅうろうどう
□□□です。

③ 海水には えんぶん
□□が ふくまれて います。

④ 最近、 あいけんか
□□□が ふえて います。

⑤ たたか
□いは 味方の 勝ち いくさ
□と なりました。

⑥ 前の ページを さんしょう
□□して 考えて みます。

⑦ せつぶん
□□には 豆まきを します。

⑧ こうぞくれっしゃ
□□□□は 十分おくれで 来ます。

⑨ 星の いち
□□で 方角を 知ります。

⑩ ちょう
□チフスの よぼうちゅうしゃを します。

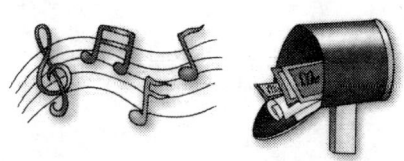

試、辞、察、旗、歴、漁、種、管、説、関

試 □□□□□
こころみる・ためす
シ
예; 試験、試食、試金石

辞 □□□□□
やめる
ジ
예; 辞書、祝辞、辞任

察 □□□□□
サツ
예; 観察、診察、警察

旗 □□□□□

はた
キ
예; 手旗信号、校旗、旗手

歴 □□□□□

レキ
예; 歴史、経歴、履歴書

漁 □□□□□

ギョ・リョウ
예; 漁業、漁港、漁師

種 □□□□□

たね
シュ
예; 火種、種類、種目

일본 초등학교 4학년 한자 200字 ‥‥

管 □□□□□

くだ
カン
예; 水道管、血管、管楽器

説 □□□□□

とく
セツ・ゼイ
예; 解説、演説、伝説

関 □□□□□

せき
カン
예; 下関(地名)、機関、関係

 연·습·문·제

75. 다음 밑줄 친 한자를 읽어 보세요.

① 何度 試みても、うまく できません。
　　　（　）

② 会社を 辞めて、商売を はじめました。
　　　　（　）

③ じけんを すばやく 察知しました。
　　　　　　　　（　　）

④ 祝日には 家の 前に 旗を たてます。
　　　　　　　　　（　）

⑤ 学歴に こだわらずに 人を やといます。
　（　　）

⑥ 日本の 漁船は 遠くの 海まで 出漁します。
　　　　（　　）　　　　　　（　　）

⑦ 畑に ひまわりの 種を まきました。
　　　　　　　　（　）

⑧ ゴムの 管で 水を ひきました。
　　　　（　）

⑨ イエスは 神の 愛に ついて 人々に 説きました。
　　　　　　　　　　　　　　　　（　）

⑩ 昔は 関所で きびしく 身元を 調べられました。
　　　（　　）

76. 다음 ☐ 안에 해당하는 한자를 써 넣으세요.

① あすは 野球の ☐☐(しあい)が あります。

② 言葉の 意味を ☐☐(じてん)で 調べました。

③ 世界じょうせいに ついて ☐☐(こうさつ)します。

④ 朝礼の 時間に ☐☐(こっき)を かかげます。

⑤ この 学校の ☐☐(れきだい)の 校長の 名を しるします。

⑥ 今年は さけが ☐☐(ふりょう)です。

⑦ 牛の ☐☐(ひんしゅ)を 改良します。

⑧ ☐☐(もっかん)がっきと ☐☐(きんかん)がっき。

⑨ 私は 毎日 新聞の ☐☐(しゃせつ)を 読みます。

⑩ 世界の 動きに ☐☐(かんしん)を 持つ ように なりました。

静、億、器、選、標、熱、課、賞、輪、養 [15画]

静 □ □ □ □ □

しず・しずか・しずまる・しずめる
セイ・ジョウ
예; 静岡(地名)、安静、静脈

億 □ □ □ □ □

オク
예; 一億円、億万長者

器 □ □ □ □ □

うつわ
キ
예; 楽器、食器、器量

일본 초등학교 4학년 한자 200字····

選 □□□□□

えらぶ
セン
예; 入選、落選、選定

標 □□□□□

ヒョウ
예; 商標、標語、標準

熱 □□□□□

あつい
ネツ
예; 熱気、熱風、熱心

課 □□□□□

カ
예; 日課、課題、学生課

賞 □□□□□

ショウ
예; 参加賞、受賞、観賞

輪 □□□□□

わ
リン
예; 輪投げ、五輪、車輪

養 □□□□□

やしなう
ヨウ
예; 教養、休養、養成

 연·습·문·제

77. 다음 밑줄 친 한자를 읽어 보세요.

① 船は <u>静</u>かに 港を 出て 行きました。
　　　（　）

② 竹やぶの 中で <u>三億円</u>の 札束が 見つかりました。
　　　　　　　　（　　　）

③ 果物を <u>器</u>に 持って 出します。
　　　　（　）

④ 国体の 出場<u>選手</u>に <u>選</u>ばれました。
　　　　　　（　）（　）

⑤ <u>目標</u>に 向かって がんばります。
　（　　）

⑥ おふろが あまりにも <u>熱</u>くて なかなか 入れません。
　　　　　　　　　　（　）

⑦ これは <u>課長</u>の つくえです。
　　　　（　　）

⑧ クイズを 当てて <u>賞金</u>を もらいました。
　　　　　　　　（　　）

⑨ みんなで <u>輪</u>に なって おどりました。
　　　　　（　）

⑩ 最近、わか者は 年取った 両親を <u>養</u>おうと しません。
　　　　　　　　　　　　　　　　（　）

78. 다음 □ 안에 해당하는 한자를 써 넣으세요.

① <ruby>れいせい<rt></rt></ruby>
□□に ものごとを 考えます。

② おじいさんは <ruby>おくまんちょうじゃ<rt></rt></ruby>□□□□です。

③ かのじょは <ruby>きよう<rt></rt></ruby>□□な 手つきで 紙を 折ります。

④ 今年の 12月に だいとうりょうの <ruby>せんきょ<rt></rt></ruby>□□が あります。

⑤ ふじ山は <ruby>ひょうこう<rt></rt></ruby>□□ 3776メートルです。

⑥ 野球に <ruby>ねっちゅう<rt></rt></ruby>□□して 勉強を おろそかに するな。

⑦ <ruby>ほうかご<rt></rt></ruby>□□□、校庭で キャッチボールを しました。

⑧ 音楽コンクールで <ruby>しょう<rt></rt></ruby>□じょうと <ruby>しょうひん<rt></rt></ruby>□□を もらった。

⑨ 弟が <ruby>さんりんしゃ<rt></rt></ruby>□□□に 乗って 遊んで います。

⑩ みよりの ない 子を 引き取って <ruby>よういく<rt></rt></ruby>□□します。

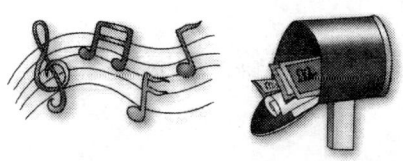

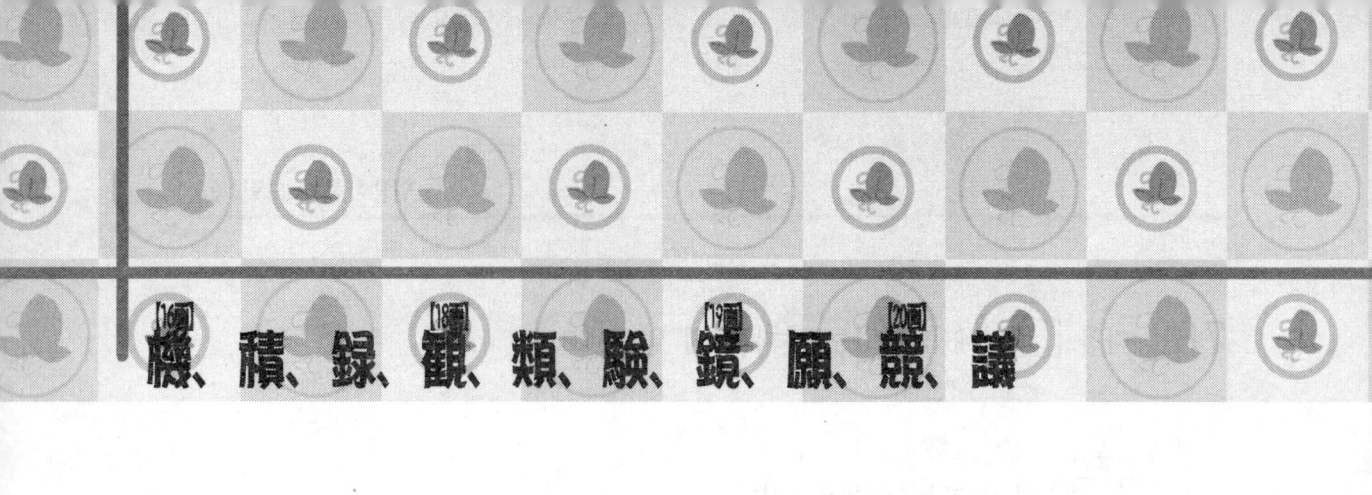

機、積、録、観、類、験、鏡、願、競、議

機 □□□□□

はた
キ
예; 機織り星、飛行機、機能

積 □□□□□

つむ・つもる
セキ
예; 積立て、体積、積雪

録 □□□□□

ロク
예; 録音、目録、記録

観　□□□□□

カン
예; 観衆、観察、価値観

類　□□□□□

ルイ
예; 種類、鳥類、分類

験　□□□□□

ケン・ゲン
예; 試験、経験、霊験

鏡　□□□□□

かがみ
キョウ
예; 双眼鏡、顕微鏡、鏡台

願 □ □ □ □ □

ねがう
ガン
예; 願い事、念願、志願

競 □ □ □ □ □

きそう・せる
キョウ・ケイ
예; 競り合い、競技、競争、競輪

議 □ □ □ □ □

ギ
예; 議論、協議、不思議

 연·습·문·제

79. 다음 밑줄 친 한자를 읽어 보세요.

① **機会**を みて、また 会いましょう。
　（　　）

② ちりも **積**もれば 山と なる。
　　　　（　）

③ 好きな テレビ番組を **録画**して おきました。
　　　　　　　　　　　（　　）

④ 日光は **観光地**として 有名です。
　　　　（　　　）

⑤ **類**は 友を よぶ。
　（　）

⑥ キャンプで きちょうな **体験**を しました。
　　　　　　　　　　　（　　）

⑦ **鏡**の ように 静かな 水面。
　（　）

⑧ 母の **願**いを かなえて やりたいです。
　　　（　）

⑨ オリンピックでは 各国の 選手が わざを **競**います。
　　　　　　　　　　　　　　　　　　　（　）

⑩ 意見が まとまらず、**会議**が 長引きました。
　　　　　　　　　　（　　）

80. 다음 □ 안에 해당하는 한자를 써 넣으세요.

① この 研究を はじめた □□(どうき)は 何ですか。

② 土地の □□(めんせき)を はかります。

③ □□□□(じゅうみんとうろく)の 手続きを します。

④ この 本を 読んで □□□(じんせいかん)が 変わりました。

⑤ □□(じんるい)の 平和と 安全を □(ねが)います。

⑥ 理科の □□(じっけん)で せっけんを 作りました。

⑦ □□□(ぼうえんきょう)で 山の 上を 見ます。

⑧ 入学□□(がんしょ)の 受け付けが 始まりました。

⑨ □□□(けいばじょう)に たくさんの 人が 集まりました。

⑩ □□□□□(こっかいぎじどう)を 見学します。

종·합·문·제

4. 대립되는 한자를 □ 안에 써 넣으세요.

① 冷たい ↔ □い　　② 低い ↔ □い

③ 深い ↔ □い　　　④ 悪い ↔ □い

⑤ 泣く ↔ □う　　　⑥ 集める ↔ □らす

⑦ 有 ↔ □　　　　　⑧ 悲 ↔ □

5. 다음 밑줄 친 한자의 읽기를 (　) 안에 ひらがな로 써 넣으세요.

① わたしは 運動が 好きです。(　　)
② それは わたしの 好みでは ありません。(　　)
③ 冷たい 風で、頭を 冷やします。(　　)(　　)
④ 冷えた 体には お酒が 一番 いいです。(　　)
⑤ 母は 年より 老けて 見えます。(　　)
⑥ 老いては 子に したがえ。(　　)
⑦ その 王は 30年間 国を 治めました。(　　)
⑧ 病気が はやく 治りました。(　　)
⑨ くわしい 説明は 省いて、申し上げます。(　　)
⑩ 自分の かこの あやまちを 省みます。(　　)
⑪ 英語の 単語の 意味を 覚えます。(　　)
⑫ わたしは 朝 六時には 目が 覚めます。(　　)
⑬ 初めて 試みる 時は 何でも 不安な ものです。(　　)
⑭ 駅まで 何分で 歩けるか 試して みます。(　　)

⑮ みんな、大きな 声で 笑いました。(　　)
⑯ 顔に 笑みを うかべました。(　　)
⑰ 点Aと 点Bを 直線で 結びます。(　　)
⑱ 鏡の 前で かみの毛を 結います。(　　)
⑲ お店が 栄えました。(　　)
⑳ 栄えある 勝利。(　　)

6. 다음 □ 안에 해당하는 한자를 써 넣으세요.

① あつ
　□い お茶を のみます。

② 夏の あつ
　□い 日。

③ 人が た
　□ちました。

④ 家が た
　□ちました。

⑤ 洋服に どろが つ
　□きました。

⑥ 電車が ホームに つ
　□きました。

⑦ 朝早くから 仕事を はじ
　□めて いました。

⑧ はじ
　□めて 校長先生と 話を しました。

⑨ ぼくは 朝 起きるのが はや
　□いです。

⑩ 船より 飛行機の 方が □(はや)いです。

⑪ 大きな 音で 目を □(さま)しました。

⑫ あつい ミルクを □(さま)しました。

⑬ 自分の ことは 自分□□(じしん)で やります。

⑭ □□(じしん)を 持って、試合に のぞみます。

⑮ 世界の 動きに □□(かんしん)を 持ちます。

⑯ 小さい 子が 上手に 話したので、□□(かんしん)しました。

⑰ みんなと □□(きょうそう)して、ごみ拾いを しました。

⑱ □□(きょうそう)で 一等に なりました。

⑲ 学校に □□(りょうしん)が 来ました。

⑳ □□(りょうしん)に はじない 行いを します。

해답편

연습문제 ● 1
① さんちょうめ ろくばんち　② よち
③ ば　④ くぎ
⑤ はん　⑥ せだい
⑦ しゅしょく　⑧ つか
⑨ じた　⑩ か

연습문제 ● 2
① 園丁　② 予
③ 化学　④ 区
⑤ 反　⑥ 世・世
⑦ 主　⑧ 仕
⑨ 他人　⑩ 代

연습문제 ● 3
① しゃせい　② さ
③ しんごう　④ ちゅうおう
⑤ たい　⑥ びょう
⑦ う　⑧ こおりみず
⑨ りゆう・もう　⑩ けがわ

연습문제 ● 4
① 写・写　② 去年
③ 番号　④ 中央
⑤ 平　⑥ 代打

⑦ 号・氷山　　　　　　⑧ 申
⑨ 由　　　　　　　　　⑩ 皮

연습문제 ● 5
① おおざら・こざら　　② ぜんこう・ちょうれい
③ れっしゃ・ごりょう　④ まった
⑤ ぎょうれつ　　　　　⑥ む
⑦ やす　　　　　　　　⑧ まも
⑨ しゅう・ごだいしゅう　⑩ にゅうがくしき

연습문제 ● 6
① 皿　　　　　　　　　② 礼
③ 両手　　　　　　　　④ 交通安全
⑤ 一列　　　　　　　　⑥ 方向
⑦ 安心　　　　　　　　⑧ 守
⑨ 本州　　　　　　　　⑩ 形式

연습문제 ● 7
① ま　　　　　　　　　② ゆうめい
③ つぎ　　　　　　　　④ し
⑤ ひつじ・ようもう　　⑥ ち
⑦ す　　　　　　　　　⑧ たす
⑨ めいい　　　　　　　⑩ きみ

연습문제 ● 8
① 名曲　　　　　　　　② 有

③ 次女 ④ 生死
⑤ 羊頭 ⑥ 血気
⑦ 安住 ⑧ 内助
⑨ 医・医 ⑩ 君・君

연습문제 ● 9
① のぼ(り)ざか ② いちたいいち
③ きょく ④ やく
⑤ がえ ⑥ な
⑦ き ⑧ きゅうめい
⑨ まめ ⑩ みうち

연습문제 ● 10
① 坂・坂 ② 一対
③ 局・局 ④ 役目
⑤ 返 ⑥ 投下
⑦ 決行 ⑧ 究
⑨ 大豆・豆 ⑩ 身体

연습문제 ● 11
① しごと ② つか
③ どうぐ ④ と
⑤ う ⑥ あじ・あじ
⑦ いのち ⑧ やわ
⑨ い・こと ⑩ はじ

해답편 ‥‥

연습문제 ● 12
① 交通事 　　　② 天使
③ 絵・具 　　　④ 取
⑤ 受・取 　　　⑥ 味
⑦ 使命 　　　　⑧ 和
⑨ 委細 　　　　⑩ 始

연습문제 ● 13
① み・み 　　　② さだめ
③ かわぎし 　　④ さち・さち
⑤ さいわ 　　　⑥ くる
⑦ はな 　　　　⑧ むかし・ところ
⑨ わふく 　　　⑩ いた

연습문제 ● 14
① 実話 　　　　② 決定
③ 昔・海岸 　　④ 幸
⑤ 苦手 　　　　⑥ 名所
⑦ 放 　　　　　⑧ 昔時
⑨ 服 　　　　　⑩ 黒板・板書

연습문제 ● 15
① およ 　　　　② そそ
③ なみ 　　　　④ せきゆ・あぶら・ゆ
⑤ ものし 　　　⑥ もの
⑦ そだ 　　　　⑧ おもて

224

⑨ の　　　　　　　　　⑩ かかり

연습문제 ● 16
① 水泳　　　　　　　② 注目
③ 電波　　　　　　　④ 油田
⑤ 生物·物·物　　　　⑥ 学者
⑦ 体育　　　　　　　⑧ 図表·表
⑨ 乗車　　　　　　　⑩ 係

연습문제 ● 17
① しなもの　　　　　② きゃく·ま
③ やおや　　　　　　④ ど
⑤ たび　　　　　　　⑥ おく
⑦ お　　　　　　　　⑧ いそ
⑨ ゆび　　　　　　　⑩ も

연습문제 ● 18
① 所持品　　　　　　② 乗客
③ 屋上　　　　　　　④ 度
⑤ 待　　　　　　　　⑥ 送金
⑦ 追放　　　　　　　⑧ 急行列車
⑨ 指図　　　　　　　⑩ 指名

연습문제 ● 19
① ひろ　　　　　　　② しょうわ
③ だいこくばしら　　④ たいへいよう

해답편 ····

⑤ すみ
⑥ せかい
⑦ はなばたけ
⑧ はつ・しゅっぱつ
⑨ あおもりけん
⑩ あいて

연습문제 ● 20
① 拾
② 昭和
③ 電柱
④ 洋食
⑤ 木炭
⑥ 下界
⑦ 畑
⑧ 発作
⑨ 県立高校
⑩ 相・相手

연습문제 ● 21
① と
② かみ
③ びょう
④ こうきゅう
⑤ うつく
⑥ ま
⑦ お・おも
⑧ めん
⑨ にばい
⑩ べんきょう

연습문제 ● 22
① 研究
② 神・神社
③ 秒
④ 上級
⑤ 美点
⑥ 負
⑦ 体重
⑧ 水面
⑨ 倍数
⑩ 勉強

연습문제 ● 23
① てんいん　　② みや
③ しま　　　　④ がっきゅうぶんこ
⑤ にわ　　　　⑥ に
⑦ はや　　　　⑧ だいがくいんせい
⑨ いき　　　　⑩ ふなたび

연습문제 ● 24
① 学級委員　　② 神宮
③ 島国・列島　④ 車庫
⑤ 校庭　　　　⑥ 出荷
⑦ 高速・時速　⑧ 院・院長
⑨ 休息　　　　⑩ 海外旅行

연습문제 ● 25
① ね　　　　　② き
③ ま・なが　　④ やまい
⑤ はやお　　　⑥ さけ
⑦ さかや　　　⑧ くば
⑨ どうぶつ・うご　⑩ あきな

연습문제 ● 26
① 大根　　　　② 消火
③ 一流　　　　④ 病気
⑤ 真相　　　　⑥ 起点
⑦ 酒　　　　　⑧ 配列

해답편 ‥‥

⑨ 動向　⑩ 商店

연습문제 ● 27
① と　② あまやど
③ てちょう　④ すす
⑤ みやこ　⑥ ぶひん
⑦ わる　⑧ かぞく
⑨ ふか　⑩ たま

연습문제 ● 28
① 問　② 合宿生活
③ 台帳　④ 行進曲
⑤ 首都　⑥ 発行部数
⑦ 悪事　⑧ 水族
⑨ 水深　⑩ 地球

연습문제 ● 29
① たなばたまつ　② ぶんしょう
③ だいいちにんしゃ　④ ふえ
⑤ お　⑥ しゅうじ・なら
⑦ ころ　⑧ か
⑨ さむ　⑩ ば

연습문제 ● 30
① 前夜祭　② 第一楽章
③ 汽笛　④ 終点

⑤ 風習　　　　　　⑥ 転校
⑦ 勝負　　　　　　⑧ 勝
⑨ 寒波　　　　　　⑩ 葉書

연습문제 ● 31
① お　　　　　　　② はこ
③ あそ　　　　　　④ さんがい(さんかい)
⑤ ようき　　　　　⑥ かな
⑦ あつ　　　　　　⑧ じき
⑨ う　　　　　　　⑩ あたた

연습문제 ● 32
① 落書　　　　　　② 運動会
③ 遊園地　　　　　④ 音階
⑤ 太陽・運行　　　⑥ 悲鳴
⑦ 暑中　　　　　　⑧ 期待
⑨ 温室・植物　　　⑩ 体温計

연습문제 ● 33
① こ・みずうみ　　② みなと
③ ゆみず　　　　　④ のぼ
⑤ みじか　　　　　⑥ わらべうた
⑦ ひと　　　　　　⑧ ふで
⑨ き　　　　　　　⑩ かる

해답편 ····

연습문제 ● 34
① 湖面 ② 空港
③ 湯 ④ 登校
⑤ 短所 ⑥ 童話
⑦ 一等 ⑧ 筆者
⑨ 一着 ⑩ 軽

연습문제 ● 35
① ひら ② あつ
③ の・の ④ やえば
⑤ い ⑥ かん
⑦ よそう ⑧ くら
⑨ こうぎょう ⑩ かんじ

연습문제 ● 36
① 開会 ② 集
③ 飲食店・飲 ④ 歯科
⑤ 意見 ⑥ 感心
⑦ 空想 ⑧ 暗算
⑨ 自業自 ⑩ 漢文

연습문제 ● 37
① ふく ② し・じゆうし
③ いえじ ④ のうぎょう
⑤ ちかてつ ⑥ おうじさま
⑦ みどり ⑧ ね

⑨ ぎん　　　　　　　⑩ えき

연습문제 ● 38
① 幸福　　　　　　② 詩人
③ 道路　　　　　　④ 農場
⑤ 鉄　　　　　　　⑥ 様子
⑦ 新緑　　　　　　⑧ 練
⑨ 銀世界　　　　　⑩ 駅長

연습문제 ● 39
① はなうた　　　　② よこがお
③ たまてばこ　　　④ めんだん
⑤ としょかん・しら　⑥ ととの
⑦ くすり　　　　　⑧ ととの
⑨ はし　　　　　　⑩ だいめい

연습문제 ● 40
① 耳鼻科　　　　　② 横転
③ 筆箱　　　　　　④ 相談
⑤ 口調　　　　　　⑥ 火薬
⑦ 整理　　　　　　⑧ 鉄橋
⑨ 館・本館　　　　⑩ 問題

종합문제 ● 1
① 短　　　　　　　② 高
③ 暗　　　　　　　④ 軽

해답편 ‥‥

⑤ 暑
⑦ 終
⑨ 負
⑪ 死
⑬ 受

⑥ 苦
⑧ 習
⑩ 問
⑫ 放
⑭ 去

종합문제 ● 2

① しあわ
③ にが
⑤ き
⑦ おも
⑨ け
⑪ どうぶつ
⑬ すみ
⑮ へいわ
⑰ しえき
⑲ おかん

② さいわ
④ くる
⑥ つ
⑧ かさ
⑩ き
⑫ しょくもつ
⑭ はや
⑯ びょうどう
⑱ くやくしょ
⑳ あくい

종합문제 ● 3

① 予定・練習・始
③ 落・両足
⑤ 宿・中央
⑦ 温室・植物・育
⑨ 和食・緑茶

② 羊・流行・服
④ 太平洋
⑥ 感・医者
⑧ 屋外・委員会・開
⑩ 進路・決

연습문제 ● 41
① りきし
② ふつう
③ おっと
④ か
⑤ うじ
⑥ いない
⑦ つ
⑧ でんれい・しれい
⑨ くわ
⑩ ふじん・こう

연습문제 ● 42
① 士農工商
② 不安定
③ 工夫
④ 出欠
⑤ 氏
⑥ 以前
⑦ 付近
⑧ 号令
⑨ 加工
⑩ 功

연습문제 ● 43
① こづつみ
② しかいしゃ
③ しじょう
④ うしな
⑤ あた
⑥ かなら
⑦ なふだ
⑧ すえ
⑨ みち
⑩ たみ

연습문제 ● 44
① 包
② 上司
③ 世界史
④ 流失
⑤ 一辺
⑥ 必読
⑦ 札
⑧ 学年末

⑨ 未定　　　　　　　⑩ 民話

연습문제 ● 45
① あらそ　　　　　　② なか
③ つた　　　　　　　④ きざ
⑤ とも　　　　　　　⑥ しるし
⑦ おのおの　　　　　⑧ す・この
⑨ な　　　　　　　　⑩ とうだい・ひ

연습문제 ● 46
① 争　　　　　　　　② 仲
③ 伝言　　　　　　　④ 前兆
⑤ 公共　　　　　　　⑥ 調印
⑦ 各国　　　　　　　⑧ 好意
⑨ 成人　　　　　　　⑩ 消灯

연습문제 ● 47
① ふ　　　　　　　　② ころも
③ くらい　　　　　　④ ひく
⑤ いくじ　　　　　　⑥ へいえき
⑦ つめ・ひ　　　　　⑧ はじ
⑨ わか　　　　　　　⑩ き

연습문제 ● 48
① 老人　　　　　　　② 衣食住
③ 三位　　　　　　　④ 低音

⑤ 小児　　　　　　⑥ 兵力
⑦ 冷　　　　　　　⑧ 初心
⑨ 別人　　　　　　⑩ 利用

연습문제 ● 49
① つと　　　　　　② ろうさく
③ つ　　　　　　　④ かこ
⑤ かんぜん　　　　⑥ きしょう
⑦ きょくげい　　　⑧ お
⑨ あらた　　　　　⑩ きょうざい

연습문제 ● 50
① 努力　　　　　　② 苦労・労
③ 告白　　　　　　④ 包囲
⑤ 完　　　　　　　⑥ 希代
⑦ 手芸　　　　　　⑧ 曲折
⑨ 改正　　　　　　⑩ 材木

연습문세 ● 51
① はなたば　　　　② もと
③ もんぶだいじん　④ なかよ
⑤ たと　　　　　　⑥ こてん
⑦ いろず・いんさつぶつ　⑧ きょうどうくみあい
⑨ そつえんしき　　⑩ まい

해답편 ‥‥

연습문제 ● 52
① 二束三文　　② 求人広告
③ 臣民　　　　④ 良心
⑤ 例　　　　　⑥ 百科事典
⑦ 刷新　　　　⑧ 協力
⑨ 高卒　　　　⑩ 参考

연습문제 ● 53
① まわ　　　　② かた
③ うき　　　　④ がいこうかん
⑤ かわぞこ　　⑥ しゅふ
⑦ はんけい　　⑧ えいかいわ
⑨ め　　　　　⑩ ねん

연습문제 ● 54
① 十周年・記念日　② 強固
③ 季語　　　　　　④ 官
⑤ 海底　　　　　　⑥ 府
⑦ 直径・円周　　　⑧ 英国
⑨ 発芽　　　　　　⑩ 記念物

연습문제 ● 55
① はた　　　　　　② まつ
③ しょくちゅうどく　④ な(き)ごと
⑤ なお　　　　　　⑥ さほう
⑦ ぼくそう　　　　⑧ まと

⑨ しん					⑩ たよ

연습문제 ● 56
① 果実					② 松竹
③ 消毒					④ 感泣
⑤ 治水工事				⑥ 作法
⑦ 牧場					⑧ 自動的
⑨ 信用					⑩ 不便

연습문제 ● 57
① いさ					② おおがた
③ か					④ たてもの
⑤ たんしん				⑥ さっこん
⑦ さか					⑧ あさ
⑨ かえり				⑩ いわ・しゅくでん

연습문제 ● 58
① 勇気					② 流線型
③ 変・変化				④ 建国記念
⑤ 単元					⑥ 昨年
⑦ 光栄					⑧ 浅学
⑨ 反省					⑩ 祝典

연습문제 ● 59
① せいき				② やく
③ い					④ い

⑤ ぐんじん
⑦ そうろうぶん
⑨ こめぐら
⑥ と
⑧ か
⑩ はつまご

연습문제 ● 60
① 紀元前
③ 胃
⑤ 軍事
⑦ 時候
⑨ 倉庫
② 約束
④ 必要
⑥ 飛行場・飛行
⑧ 借金
⑩ 子孫

연습문제 ● 61
① がいちゅう
③ せき
⑤ としゅ
⑦ ぐんか
⑨ ざいりょう・りょうり
② さ
④ お
⑥ つら
⑧ あ
⑩ あんがい

연습문제 ● 62
① 利害
③ 着席
⑤ 生徒・徒歩通学
⑦ 郡部
⑨ 飲料水
② 時差
④ 一帯・工業地帯
⑥ 連中
⑧ 挙手
⑩ 答案

연습문제 ● 63

① うめ
② のこ
③ ころ・せっしょう
④ あ
⑤ とく
⑥ わら
⑦ こなゆき
⑧ みゃく
⑨ こうくうびん
⑩ くんよ

연습문제 ● 64

① 梅雨前線
② 残念
③ 殺害
④ 日光浴
⑤ 特別
⑥ 笑
⑦ 花粉
⑧ 動脈・脈
⑨ 欠航
⑩ 教訓

연습문제 ● 65

① ていでん
② すこ
③ りょうがわ
④ ふくしょく
⑤ とな
⑥ どうどう
⑦ けんこう
⑧ え
⑨ な
⑩ りっきょう

연습문제 ● 66

① 停止
② 健全
③ 側面図
④ 副作用
⑤ 暗唱
⑥ 食堂
⑦ 小康
⑧ 得意

⑨ 山菜料理 ⑩ 着陸

연습문제 ● 67
① すだ ② すく
③ やぶ ④ のぞ
⑤ かい ⑥ きよ
⑦ うぶごえ ⑧ かいひょう
⑨ ひゃっかてん ⑩ ぶんがくはくし

연습문제 ● 68
① 病巣 ② 救出
③ 失敗 ④ 希望
⑤ 械 ⑥ 清書
⑦ 水産業 ⑧ 票決
⑨ 銀貨 ⑩ 博学

연습문제 ● 69
① よろこ ② はったつ
③ がっしょうたい ④ ち
⑤ やけい ⑥ もっと
⑦ きわ ⑧ よろこ・み
⑨ ゆうや ⑩ しぜん

연습문제 ● 70
① 喜色 ② 達者
③ 兵隊・隊列 ④ 散歩

⑤ 不景気
⑥ 最新
⑦ 南極・極寒
⑧ 満開
⑨ 焼失
⑩ 天然記念物

연습문제 ● 71

① な
② きゅうしょく
③ むす
④ まち
⑤ めざ・さ
⑥ ぞう
⑦ ちょきん
⑧ つい
⑨ はか
⑩ じゅんちょう

연습문제 ● 72

① 無数
② 給油
③ 結成
④ 結
⑤ 商店街
⑥ 覚
⑦ 象形文字
⑧ 貯水量
⑨ 国費
⑩ 打順

연습문제 ● 73

① あさめしまえ
② はたら
③ しお
④ あい・あい
⑤ たたか
⑥ て
⑦ ふし
⑧ つづ
⑨ おきもの
⑩ ちょう

해답편 ‥‥

연습문제 ● 74
① 夕飯
② 重労働
③ 塩分
④ 愛犬家
⑤ 戦・戦
⑥ 参照
⑦ 節分
⑧ 後続列車
⑨ 位置
⑩ 腸

연습문제 ● 75
① こころ
② や
③ さっち
④ はた
⑤ がくれき
⑥ ぎょせん・しゅつりょう
⑦ たね
⑧ くだ
⑨ と
⑩ せきしょ

연습문제 ● 76
① 試合
② 辞典
③ 考察
④ 国旗
⑤ 歴代
⑥ 不漁
⑦ 品種
⑧ 木管・金管
⑨ 社説
⑩ 関心

연습문제 ● 77
① しず
② さんおくえん
③ うつわ
④ せんしゅ・えら
⑤ もくひょう
⑥ あつ
⑦ かちょう
⑧ しょうきん

⑨ わ　　　　　　　　⑩ やしな

연습문제 ● 78
① 冷静　　　　　　② 億万長者
③ 器用　　　　　　④ 選挙
⑤ 標高　　　　　　⑥ 熱中
⑦ 放課後　　　　　⑧ 賞・賞品
⑨ 三輪車　　　　　⑩ 養育

연습문제 ● 79
① きかい　　　　　② つ
③ ろくが　　　　　④ かんこうち
⑤ るい　　　　　　⑥ たいけん
⑦ かがみ　　　　　⑧ ねが
⑨ きそ　　　　　　⑩ かいぎ

연습문제 ● 80
① 動機　　　　　　② 面積
③ 住民登録　　　　④ 人生観
⑤ 人類・願　　　　⑥ 実験
⑦ 望遠鏡　　　　　⑧ 願書
⑨ 競馬場　　　　　⑩ 国会議事堂

종합문제 ● 4
① 熱　　　　　　　② 高
③ 浅　　　　　　　④ 良

⑤ 笑　　　　　⑥ 散
⑦ 無　　　　　⑧ 喜

종합문제 ● 5

① す　　　　　② この
③ つめ・ひ　　④ ひ
⑤ ふ　　　　　⑥ お
⑦ おさ　　　　⑧ なお
⑨ はぶ　　　　⑩ かえり
⑪ おぼ　　　　⑫ さ
⑬ こころ　　　⑭ ため
⑮ わら　　　　⑯ え
⑰ むす　　　　⑱ ゆ
⑲ さかえ　　　⑳ は

종합문제 ● 6

① 熱　　　　　② 暑
③ 立　　　　　④ 建
⑤ 付　　　　　⑥ 着
⑦ 始　　　　　⑧ 初
⑨ 早　　　　　⑩ 速
⑪ 覚　　　　　⑫ 冷
⑬ 自身　　　　⑭ 自信
⑮ 関心　　　　⑯ 感心
⑰ 競争　　　　⑱ 競走
⑲ 両親　　　　⑳ 良心

● 인용 및 참고문헌

石井圧司 監修『小学生の漢字読み書き字典・改訂新版』(学研)
斎賀秀夫・野村雅昭 編『小学生の漢字辞典・第三版』(小学館)
尚学図書・言語研究所 編『四字熟語の読本』(小学館)
長沢規矩也 編『新明解漢和辞典・第二版』(三省堂)
教科書学習版『漢字1ねん教科書ドリル』(編集発行 文理)
教科書学習版『漢字2年教科書ドリル』(編集発行 文理)
教科書学習版『漢字3年教科書ドリル』(編集発行 文理)
教科書学習版『漢字4年教科書ドリル』(編集発行 文理)
教科書学習版『漢字5年教科書ドリル』(編集発行 文理)
教科書学習版『漢字6年教科書ドリル』(編集発行 文理)

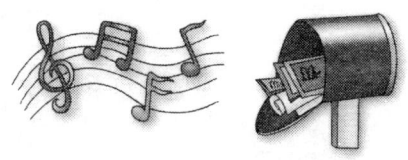

● **저자 약력**

1990년 3월 동경외국어대학 일본어학과 졸업
1993년 3월 동경학예대학 대학원 졸업 (교육학 석사)
1997년 3월 대동문화대학에서 일본문학박사학위 취득
2003년 현재 청주대학교 일어일문학과 조교수

● **저서**

일본어회화 입문
일본어의 발음과 악센트
현대 일본어 문법
일어학 개론
일본어 한자 드릴(초급)
일본어 한자 드릴(상급)

일본어한자 드릴(중급)

초판인쇄 2003년 11월 20일

저　자·전 성 용
발 행 인·윤 석 용
편　집·심 현 숙

발 행 처·제이앤씨　등록번호·제7-220호
전　화·02)992-3253
팩　스·02)991-1285
주　소·서울 도봉구 쌍문1동 528-1
http://www.jncbook.co.kr

ⓒ제이앤씨 2003 Printed in Seoul Korea
ISBN 89-5668-059-0 03700

· 저자 및 출판사의 허락없이 이 책의 일부
　또는 전부를 무단복제·전재·발췌할 수 없습니다.
· 잘못된 책은 바꾸어드립니다.